लौट आओ वासंती

(ध्वनि-रूपक)

लौट आओ वासंती

डॉ. रामगोपाल शर्मा 'दिनेश'

वाणी
प्रकाशन

प्रकाशन के उत्कृष्टतम 63 वर्ष

सजिल्द प्रथम संस्करण : 2000

vaniprakashan.com

वाणी प्रकाशन

4695, 21-ए, दरियागंज, नयी दिल्ली-110 002

फ़ोन : + 91 11 23273167, 23275710

शाखाएँ

अशोक राजपथ, पटना-800 004, बिहार

कॉफ़ी हाउस कैम्पस, महात्मा गांधी मार्ग, प्रयागराज-211 001, उत्तर प्रदेश

महात्मा गांधी अन्तरराष्ट्रीय हिन्दी विश्वविद्यालय, वर्धा-442 001, महाराष्ट्र

sales@vaniprakashan.in
vaniprakashan@gmail.com

Laut Aao Vaasanti
by Dr. Ramgopal Sharma 'Dinesh'

ISBN : 978-81-7055-704-6
Play

मूल्य : ₹ 200

जी.एस. ऑफ़सेट, दिल्ली-110 095 में मुद्रित

वाणी प्रकाशन का लोगो मक़बूल फ़िदा हुसैन की कूची से

लेखकीय

नाटक और जीवन का गहरा सम्बन्ध है। वास्तविक यथार्थ को काल्पनिक यथार्थ में परिवर्तित करके नाटक जीवन का संदीप और संगीत बन जाता है। हम जो कुछ देख, सुन और अनुभव कर चुके होते हैं, उसे नाटक पुनर्जीवित कर देता है। साहित्य की यही एक ऐसी विधा है, जो दृश्य; श्रव्य एवं पाठ्य—तीन स्तरां पर जीवन को हमारे सामने रखती है। अतीत, वर्तमान एवं भविष्यको एक बिन्दु पर केन्द्रित कर मनोरंजन एवं चिन्तन के जितने आयाम यह विधा खोलती है, उतने आयाम साहित्य की कोई अन्य विधा नहीं खोलती। इसीलिए काव्य को सर्वोच्च कला मानने वाले मनीषियों ने 'काव्येषु नाटकं रम्यम्' निर्णय दिया है।

लोग कहते हैं कि दूरदर्शन आदि के प्रसार-प्रचार के कारण पुस्तक-संस्कृति को खतरा पैदा हो गया है। ऐसे लोगों का मानना है कि नाटक तो सर्वाधिक खतरे में है, क्योंकि दूरदर्शन की नाट्य-शृंखलाएँ नाटक के पाठकों और दर्शकों को अपनी ओर खींच रही हैं। किन्तु यह मान्यता वास्तविकता से कोसों दूर है। दूरदर्शन पर दिखाए जानेवाली शृंखलाएँ जो कथा-वृत्त कभी-कभी शताधिक अंकों में पूर्ण कर पाती हैं और उसमें भी बीच-बीच में विज्ञापनों की भरमार से विषयान्तर कर नाट्यास्वाद को किरकिरा कर देती हैं, उसे नाटक दो-तीन घंटों में ही प्रस्तुत कर दर्शक या पाठक को मनोरंजन की पूर्णता में पहुँचा देता है। अतः धीरे-धीरे नाटक के दर्शक और पाठक अपनी मूल भूमि की ओर लौट जाएँगे—इसमें सन्देह नहीं। आज जबकि समय और संसार सिमट कर सूक्ष्मतम होते जा रहे हैं,

कोई भी व्यक्ति 2 या 3 घंटों के दृश्य-वृत्त को एक वर्ष तक देखने की प्रतीक्षा क्यों करेगा?

समय का महत्त्व समझने वाले मनीषियों को यह स्वीकार करने में भी आपत्ति क्यों होगी कि नाटक का लघु रूप 'एकांकी' तो इस दृष्टि से विशेष महत्त्वपूर्ण है, क्योंकि उसके द्वारा कम-से-कम समय में हम जीवन की साधनानुभूतियों का साक्षात्कार कर सकते हैं।

प्रस्तुत संग्रह में मैं अपने मौलिक नवीन ध्वनि-एकांकी इसी मान्यता के साथ पाठकों को समर्पित कर रहा हूँ कि इनको नाट्य-विधा के पुरस्सरण में ही नहीं, जीवन्त मनोरंजन एवं स्वस्थ चिन्तन के क्षेत्र में भी महत्त्वपूर्ण स्थान मिलेगा। इतिहास, पुराण और सामयिक यथार्थ को एक साथ कल्पना के सूत्र में पिरोकर जो कथा-वृत्त गीत, संगीत और गद्य के माध्यम से इन ध्वनि-रूपकों में चित्रित किए गए हैं, वे अपनी समग्रता में आदर्श और यथार्थ की समन्वित भूमिका प्रस्तुत करते हैं। आशा ही नहीं मुझे पूर्ण विश्वास है कि प्राणविक अस्त्र-शस्त्रों के इस आतंकवादी युग में चिन्तन के धरातल पर भी इन एकांकियों की एक विशेष वैचारिक उपलब्धि होगी।

ये सभी ध्वनि-एकांकी 'आकाशवाणी' से एकाधिक बार प्रसारित हो चुके हैं। दो एकांकी ऐसे भी हैं, जो 'इप्टा' आदि के द्वारा देश-विदेश में प्रदर्शित भी किए गए हैं। अतः मैं 'आकाशवाणी और विशेषतः उदयपुर केन्द्र के तत्कालीन निदेशकों एवं नाट्य-निर्देशकों के प्रति हृदय से आभार व्यक्त करता हूँ। मैं इप्टा के श्री राजेन्द्र रघुवंशी के प्रति भी अपनी कृतज्ञता व्यक्त करता हूँ जिनकी अभिरुचि 'लौट आओ वासन्ती' को रंगमंच पर लोकप्रिय बनाने में अत्यधिक सफल सिद्ध हुई।

'वाणी' प्रकाशन के स्वामी श्री अरुण माहेश्वरी को भी मेरा हार्दिक आभार जिनके सौजन्य से इन एकांकियों का पुस्तकाकार प्रकाशन प्रथम बार सम्भव हो रहा है।

25, मार्च, 2000 ई. **रामगोपाल शर्मा 'दिनेश'**

अनुक्रम

लौट आओ वासंती

[पृष्ठभूमि में मंद संगीत]
ऋतुराज का प्रवेश

ऋतुराज : वासंती!...ओ वासंती!...चारों ओर तुम्हारा रूपाकार फैला है, परंतु तुम दिखाई नहीं देतीं।...कहाँ हो तुम वासंती?

वासंती : मैं...मैं यहाँ हूँ ऋतुराज!...यहाँ इस दिगन्त पर।...तुम्हारे बहुत पास और बहुत दूर भी।

ऋतुराज : नहीं वासंती!...तुम पास नहीं हो। मुझसे बहुत दूर चली गई हो।...क्यों...ऐसा क्यों?

वासंती : तुम्हीं ने तो मुझे दश-दिशाओं में फैला दिया है...अपने ही अस्तित्व में एक विस्तार दे दिया है।

ऋतुराज : ओह!...याद आया। मैंने ही तो कहा था तुमसे—जाओ...दूर तक फैल जाओ।

वासंती : और यह कि मैं रति को नया आकार दूँ...उसे नए-नए रंगों में ढालूँ।

ऋतुराज : हाँ वासंती!...तुमसे कहा था...मैंने अपने भीतर कामदेव को विश्वाकार में ढालने की कामना की थी।...ऐसा आकार जो विदेह होकर भी शरीरधारी जीवों के लिए आनन्द का सागर बने।

(तीसरी ध्वनि)

वनराज : और अब वह सागर चारों ओर लहरा रहा है।... धरती...आकाश...उसी की लहरों में नूतन रंगों से सज रहे हैं। इधर देखो ऋतुराज... इधर।... तुम्हारी वासंती कितनी निर्लज्ज होकर मुझसे भी लिपट गई है।

ऋतुराज : तुमसे?...वासंती तुमसे लिपट गई है...तुमसे? **(अधीर स्वर में)** कहाँ है मेरी वासंती वनराज?...मुझे एक बार उसे इस नए रूप में देखने दो।

वनराज : इधर देखो ऋतुराज! यह है इधर। ये खिलती कलियाँ...ये महकते फूल...बिखरता पराग...उमड़ती गन्ध...चारों ओर लहराते रंग।...ये सब क्या हैं? क्या हैं ये सब ऋतुराज?

ऋतुराज : ओह! ये सब उसी का विस्तार हैं...ये ही तो रति और काम हैं। समस्त प्रकृति इन्हें पाकर कितनी मनोरम हो उठी है!

वनराज : इसी मनोरमता में समा गई है तुम्हारी प्रिया वासंती...इस छोर से उस छोर तक।...फैलती चली गई है वह।

ऋतुराज : सच कहते हो वनराज! उसने मेरी कामना को साकार कर दिया है...धरती के कण-कण में मधुगन्धा बनकर रम गई है वह।...रमा हो गई है वह।

वनराज : उसी के तन का स्पर्श पाकर मदोन्मत्त हो रही हैं ये शीतल हवाएँ।...इन हवाओं पर तैर रहे हैं वृक्षों से टूट-टूटकर उड़ते सुनहरी पत्ते।...उन्हें विदाई दे रही हैं ये लाल-लाल कोपलें।...अस्त हुए सूर्य की अर्चना हैं ये पीले पत्ते...और लाल-लाल कोपलें अरुणाचल पर झाँकते सूर्य की मनोरमता का स्वागत कर रही हैं।

(कोकिल कूकती है)

ऋतुराज : और कोकिल की यह कूक।...वनराज! क्या कह रही है यह?

वनराज : कह नहीं रही, गा रही है यह कलकंठी। सुनो ऋतुराज, ध्यान से सुनो इसका संगीत।

(गीत)

प्रिय! फिर बहार आई।
छलने लगीं हवाएँ
वश में नहीं रहा मन
तुम याद आ रहे हो।
यह कलि अभी खिली है
मधु गंध लुट रहा है
वश में नहीं रहा तन
क्यों दूर जा रहे हो?

प्रिय! फिर...।
ये रंग छल रहे हैं
आँखें हुईं नशीली
बन कर पराग फैला
जो गीत गा रहे हो।
प्रिय ! फिर...।

ऋतुराज : कोकिल ठीक कहती है वनराज!...उसने मेरी प्रिया वासंती का संगीत चुरा लिया है...

वनराज : केवल उसी ने नहीं, समस्त सृष्टि इस संगीत को चुरा रही है...धरती के कण-कण में वासंती का संगीत समा गया है...आकाश झूम उठा है...नक्षत्रों में सतरंगे इंद्रधनुष भर गए हैं। जड़ और चेतन सब एक ठंडी आग में सुलगने लगे हैं।

वासंती : **(दूरागत ध्वनि)** मैं वही आग हूँ ऋतुराज! इस रूप में मुझे ही तुमने ढाला है।...ध्यान से देखो...वनराज के हाथों में हिलती मंजरियाँ नस-नस में उत्तेजना भर रही हैं। ये आम्रवृक्ष मद में झूमते हुए उसी आग का त्यौहार मना रहे हैं।

(संगीत की मधुर ध्वनियाँ)

ऋतुराज : ये उल्लास-भरे स्वर-निर्झर कहाँ झर रहे हैं?...वनराज! कहाँ से आ रहे हैं इतने समवेत स्वर!

वनराज : सांसारिक जीवों की प्रसन्नता की अभिव्यक्ति हैं ये स्वर।...स्त्री-पुरुष वासंती पर्व मना रहे हैं। चलो, छिपकर सुनें हम भी इनका मनोरम संगीत।

(गीत गाता हुआ एक जनसमूह निकलता है)

होली आई रे।
आई रे, होली आई रे।
लाओ रंग
गुलाल उड़ाओ।
भर पानी मारो पिचकारी
तन-मन मस्ती छाई रे।
होली आई रे।
होली आई रे।

ऋतुराज : सुना तुमने वनराज! कितना मादक संगीत है यह!

वनराज : क्रीड़ा-मय संगीत!...एक महान् पर्व की स्वर-बद्ध रचना!

(दूसरा जन-समूह गाता हुआ आता है)

गीत

यह वासंती त्यौहार
मधुरता जड़-चेतन में लाया।
लो यह जीवन की आग
सृष्टि का मधु लो।
लो यह होली का राग
दृष्टि का मद लो।
यह रंगों का त्यौहार
नशीला रंग बदन में छाया।
यह वासंती...
लो यह धरती की धूल
फूल का रस लो।

नभ के चन्दा को चूम
नयन-घट भर लो।
यह सर्जन का त्यौहार
विसर्जन-रथ पर चढ़कर आया।
यह वासंती त्यौहार
मधुरता जड़-चेतन में लाया।

(जन-समूह जाता है, दूर सुन पड़ते स्वर–होली आई रे...होली आई रे...)

ऋतुराज : होली आई रे...आई...होली आई...वनराज! क्या मेरी वासंती होली का पर्व बन गई?...चारों ओर उसी का उल्लास छा गया है?

वनराज : हाँ ऋतुराज वसन्त! यह सरस सृष्टि का शुभारंभ है...ऐसी सृष्टि जो उल्लास की समता से भरी है।...तुम्हीं ने तो यह सब को समान रूप से बाँटी है। छोटे-बड़े सभी पादपों को समान भाव से नई कोपलें, सभी को जीवन का नया संगीत।

(सहसा वायुयान से गिरकर फटते बमों की विस्फोटक ध्वनियाँ)

वनराज : **(घबराकर)** अरे ऽ ऽ रे ऽ ऽ ऽ! अचानक यह क्या होने लगा!...युद्ध की विभीषिका...!

ऋतुराज : युद्ध!...युद्ध की यह आग किसने फैला दी?...एक ओर जीवन की अमरता का होली-राग और दूसरी ओर युद्ध की यह विनाश-लीला!

वनराज : हाँ महाराज!...राज-शक्तियाँ सृष्टि की नित्यता को नहीं समझतीं। होली जन-शक्ति का सर्जना-

पर्व है और युद्ध राज-शक्ति का विध्वंस-पर्व। जन-शक्ति वासंती का स्वागत करती है और राज-शक्ति उसका विनाश। वह पेड़ों की हरियाली छीन लेती है, फूलों का महकना रोक देती है, अंकुरों का रंग कुचल देती है।

ऋतुराज : तब न जन बचेंगे, न वन। हवाओं में विष भर जाएगा, आकाश में गैसों के अंधड़ फैलेंगे, समुद्रों पर तूफानों का तांडव दिखाई देगा।

(फिर विस्फोटक ध्वनियाँ)

वनराज : अनेक बार हो चुका है ऐसा महाराज।...मैंने अनेक युद्धों में दम तोड़ा है...देखें हैं राख के ढेर...लाशों को नोचते चील और कौवे!...भौंकने को श्वान भी नहीं बचे इस धरती पर...अनेक बार महाराज!

(हाँफती हुई वासंती के निकट आने का संकेत)

वासंती : रोको ऋतुराज!...इन सत्ता-पिशाचों को रोको।...प्रेम और सर्जना की जगह ये खून की होली खेल रहे हैं।

ऋतुराज : आओ...लौट आओ वासंती!...बताओ मुझे, कौन हैं वे जो इन्सान का रक्त बहा रहे हैं?

वासंती : जीव-मात्र का सुख-चैन छीननेवाले वे धृतराष्ट्र हैं महाराज! उन्हें फूली-फली मधु-गंध से भरी इस धरती का विभाजन चाहिए...अलग-अलग सत्ताएँ...अलग-अलग राज्य।

वनराज : हाँ ऋतुराज! उन्हें राज-सुख ने अन्धा बना दिया

है। उनके दिलों में प्यार की जगह घृणा और द्वेष की आग भरी हुई है। उनकी आँखों में उल्लास की चमक नहीं, विनाश की ज्वाला है। सृष्टि की समस्त सरसता को वे सोख रहे हैं।

(जन-कोलाहल)

वासंती : उन्हीं सत्ता-पिशाचों के विरुद्ध यह जन कोलाहल उमड़ रहा है। सुनो ऋतुराज! कैसा भयंकर आक्रोश है इस कोलाहल में!

गीत उभरता है।

हिंसा की आँधी धरती पर
यह कौन आग बरसाता है!
धन का, कुर्सी का, मोह बढ़ा
सत्ता का व्याल उठाता फन!
वह कौन हुआ इतना निर्मम
जल रहा धरित्री का कन-कन!
बहती विनाश की ज्वालाएँ
हर सिन्धु सूखता जाता है!
यह कौन आग बरसाता है?
हम इस विनाश के दानव की
निर्मम लीलाएँ रोकेंगे।
भय-मुक्त करेंगे मानव को
विष के समुद्र को सोखेंगे!
हम अमर लोक के अधिवासी
हमसे जीवन गति पाता है।
यह कौन आग बरसाता है?

(धीरे-धीरे गीत के स्वर मन्द पड़ते हैं। फिर नया स्वर उभरता है–'होली आई रे...होली आई रे...!')

वासंती : सुनो...ऋतुराज सुनो!...युद्ध का उन्माद प्रेम के अमर उल्लास से ही रोका जा सकता है।...कोलाहल को होली का यह उल्लास-संगीत ही जीत रहा है।...यह मानव मात्र की जिजीविषा का विजय गीत है।

वनराज : सच कहती है वासंती! होली का पर्व जन-जन के पारस्परिक प्रेम की अभिव्यक्ति है। हृदय के बन्द कपाटों को खोलते हैं होली के सरस रंग!...जीवन की मधु-मय धारा फूट पड़ती है।

ऋतुराज : यह सरस धारा युद्धों की आग बुझा सकती है।...राष्ट्रों के उन्माद पर अंकुश लगा सकती है...जातियों में रक्तपात के प्रति विरक्ति जगा सकती है।

वासंती : सुनो वनराज...सुनो! फिर एक जन-समूह गाता हुआ इधर ही आ रहा है।

गीत

हर हृदय हृदय से मिल जाए
हम ऐसी होली लाए हैं!
सेनानी! प्रेम स्वराज्य यहाँ
तुम इसे प्रदूषण-मुक्त करो।
सोखो अणु-बल से बाढ़ों को
सूखी धरती रस-सिक्त करो।

हम सभी तुम्हारे स्वागत में
फूलों की झोली लाए हैं।
हम ऐसी होली लाए हैं!
रक्षा ही धर्म तुम्हारा है
मत खेलो भक्षण की होली।
तुम सुनो चटखना कलियों का
नव-जीवन मय कोकिल-बोली।
युद्धों की आग बुझाने को
हम रस की होली लाए हैं।
हर हृदय...

वनराज : ऋतुराज! मुझे इस जन-समूह के साथ गाने दो...जाने दो मुझे! ये ही वे लोग हैं, जो हरियाली की रक्षा करेंगे, धरती को प्रेम-संगीत से भरेंगे।

ऋतुराज : जाओ वनराज!...जाओ! तुम इनसे कहो कि युद्धों की आग बुझाकर एक नई समाज-रचना की ओर लौटें वे...एक ऐसी समाज-रचना, जिसमें धर्म और अर्थ के आधार पर कोई भेद-भाव न हो। ऐसे समाज का विकास, जिसमें कामनाएँ, अनुशासित हों, भावनाएँ निर्बन्ध बहें, विचार विवेक की रक्षा करें।

वासंती : वनराज! तब तक मैं तुम्हारी मंजरियों की रक्षा करूँगी। फूलों का मकरंद सूखने नहीं दूँगी। फलों में नया स्वाद भरूँगी। तुम्हारे घर-आँगन को नई हरियाली से सजाऊँगी।

ऋतुराज : हम दोनों तुम्हारी नई यात्रा की मंगलवेला में होली

का मंगल-गीत गाएँगे...प्रस्थान करो वनराज! जन-जीवन में अपना वैभव बाँटने जाओ। लो, हम मंगल-गीत गाते हैं...

गीत

रंगों में रंग मिलाओ सब
मधु-मय जीवन हो जाए!
बुझे समर की आग
प्रेम का राग
धरित्री गाए!
मधु-मय जीवन हो जाए!
मिटें जाति-गत द्वेष
धर्म-गत क्लेश
बंधुता आए!
मधु-मय जीवन हो जाए।
बहे सहज उल्लास
दूर हो त्रास
शांति जग छाए।
ऐसी होली फिर आए।
मधु-मय जीवन हो जाए।

(धीरे-धीरे गीत रुकता है।)

इति

फिर घिर चलीं घटाएँ

(पार्श्व संगीत। धीरे-धीरे संगीत की मन्द ध्वनियाँ तीव्र होती हैं, फिर पुरुष और स्त्री के स्वर उभरते हैं।)

पुरुष : अरी मालिनी! किधर गई तू?
बहती है पुरवाई।
गंध लुटाने लगीं लताएँ
मादकता लहराई।

स्त्री : मैं हूँ इधर
घने कुंजों में
तोड़ रही हूँ फूल।

पुरुष : अरी! आज तू फूल तोड़कर
मत कर भारी फूल।

स्त्री : क्यों प्रियतम! क्यों
फूल न तोड़ूँ
सींचूँ अब भी मूल!

पुरुष : अरी आज तो इन फूलों की

गंधों से भर झोली
ऐसा मौसम मिला भाग से
खो मत अवसर भोली!

स्त्री : कैसा अवसर?

पुरुष : नहीं देखती
यह हरियाली
लहराती वह झील!
वे पहाड़ियाँ उसमें अपना
देख रही हैं रूप।

स्त्री : मैं क्यों देखूँ उधर
दूर जब
यहीं भरी है इन रंगों की
फूल-फूल में झील

पुरुष : फूल-फूल में झील?

स्त्री : हाँ प्रियतम! देखो तो आकर
कैसी गहरी झील।
इसकी लहरों पर तिरता है
मेरा मन-पंछी मस्ती से

पुरुष : और उधर वह उतर चला लो
धरती पर नभ नील।

स्त्री : सचमुच! घिरती उधर आ रहीं
वे घनघोर घटाएँ
इन्हें देखकर लगी नाचने
मस्त मयूरी वन में
सुनो ध्यान से क्या गाती है

क्या है इसके मन में!

(दोनों सुनते हैं—बादलों की मंद-गर्जन के साथ मयूरी की ध्वनियाँ)

मयूरी : बरसो प्रिय श्याम घन
प्यासी हूँ कब से!
जब से गए हो तुम
यादों में खोई हूँ
जितना तपे हो तुम
उतना मैं रोई हूँ
वन-वन में खोज रही
छाया-सी तब से!
भर लिया सागर को
तुमने तो आँखों में
धर लिया अम्बर को
मैंने भी पाँखों में
नाच रही गीत बन
हूक उठी जब से

(मोर बोलते हैं)

स्त्री : कितना मादक मधुर सचमुच है
कूक उठे वन मोर

पुरुष : हाँ रानी! मादक मौसम है,
बदल रहा है राज
आतुरता से लगा पहनने
नभ बिजली का ताज़।

(बिजली कड़कती है।)

स्त्री : ये बादल यह बिजली
प्रियतम!
मुझको डर लगता है
जाग उठा हाथों में कंपन
छूट चला मुझ से यह अंचल
फूल झरे सब
हाय! करूँ क्या?

पुरुष : डरो न प्यारी
बीनो उनको
भर दो मेरी झोली
(बादल फिर गरजते हैं, मयूर बोलते हैं।)

स्त्री : पर मैं कैसे झुकूँ
मुझे तो डरा रही यह बोली
मैं सिमटी-सी अपने तन में
गीत बनी जाती हूँ।
पता नहीं मैं कौन?
तुम्हारी मालिन
या फिर
मैं भी एक मयूरी बनकर
सिमटी-सी गाती हूँ

मयूर : अरी! गीत तो घिरा गगन में
तुम उसको दुहराओ।
डरो न इतनी
इन पंखों की
छाया में छिप जाओ।

स्त्री : पिशुन मयूरा! समझ लिया क्या
तूने मुझे मयूरी!
पगले! कहीं न यों रह जाए
तेरी चाह अधूरी

पुरुष : क्या कहती हो रानी! उसने
तुम्हें मयूरी माना?
तुम भी नाच उठो मस्ती से
गाओ सुमधुर गाना।

स्त्री : गाऊँ कैसे घिरे बदरवा
काँप रहा तन मेरा
यह गर्जन, यह कौंध, चतुर्दिक्
घिरता गहन अँधेरा!

दोनों : घिरता गहन अँधेरा!
ओहो! घिरता गहन अँधेरा!
हम तुम दोनों बादल बिजली
बनकर बरसें भू पर।
गलबाहें डालें लहराएँ
चलो उड़ चलें ऊपर।
छोड़ चलें दुनिया के बन्धन
क्या मेरा, क्या तेरा?

स्त्री : प्रियतम! घिरता गहन अँधेरा।

पुरुष : ओहो! घिरता गहन अँधेरा।

दोनों : कभी उजाले अच्छे लगते
कभी घटाएँ काली
जीवन मधुर दिवस बन जाए

मधु रातें मतवाली।

फूलों की गंधों से लिपटे
हँसता हुआ सबेरा।

पुरुष : मालिन! हँसता हुआ सबेरा।

स्त्री : माली! अब बढ़ चला अँधेरा

पुरुष : सचमुच, घिरता गहन अँधेरा?

दोनों : ओ हो! घिरता गहन अँधेरा।

(फिर बादल गरजते हैं, बिजली कड़कती है।)

बिजली : पास तुम्हारे रहकर बादल!
मेरा सब डर भागा
इन पहाड़ियों पर रहने का
भाव हृदय में जागा।
बादल ! भाव हृदय में जागा।

बादल : मेरा भी मन गा रहा
जुड़ा नेह का धागा

बिजली : जुड़ा नेह का धागा!

बादल : सचमुच भाव प्रलय का जागा?

बिजली : बादल! भाव मिलन का जागा?

(बादल गरजते हैं)

स्त्री : देखो तो
कितनी ऊंची हैं
ये पहाड़ियाँ

पुरुष : इन पर खेल रहे हैं बादल।

स्त्री : बिजली झेल रहे हैं बादल।

पुरुष : अब तो घेर चले सब पर्वत।

स्त्री : ओ हो! घेर चले सब पर्वत।
घाटी तक में लगे घुमड़ने।
इन्हें देख मन लगे तरसने

पुरुष : क्या सचमुच मन डोल रहा है?

स्त्री : हां-हां भीतर बोल रहा है
कोई केका मधु-मय स्वर में

पुरुष : पर नाचोगी या बरसोगी?
अभी बदरिया बरसी जैसी ?

स्त्री : हाँ हाँ मैं बरसूँगी ऐसी
जिससे पर्वत-शिखर गलेंगे
अनगिन झरने फूट चलेंगे

पुरुष : पर न खिलोगी बोलो ऐसी
जैसी लतिकाओं पर कलियाँ
रात अँधेरे में सो जातीं
स्वप्न देखती हैं वर्षा के
जगतीं सुबह चकित हो जातीं
अपनी आँखों के प्यालों को
मधु-रस-गंध भरा पाती हैं!

स्त्री : मधु-रस-गंध भरा पाती हैं!

दोनों : मधु-रस-गंधभरा पाती हैं।

(बादल फिर गरजते हैं और वर्षा की ध्वनियाँ)

स्त्री : माली! घन फिर लगे बरसने
तन-मन मेरा भींग रहा है।
कहाँ छिप गईं सब पहाड़ियाँ
रिमझिम का संगीत रह गया!

पुरुष : तो आओ तुम भी छिप जाओ
मेरी बाँहों के आँचल में।
स्त्री : यह छिपने का नहीं समय है।
पुरुष : तो क्या इसमें भी कुछ भय है?
स्त्री : भय की बात नहीं है प्रियतम!
यह निर्भय होने का मौसम
बदली-सा घुलने का मौसम।
पुरुष : सचमुच यह बहने का मौसम।
स्त्री : झीलों-सा भरने का मौसम।
पुरुष : धरती का भी गीत यही है।
स्त्री : गीत यही है, तो फिर गाएँ।
दोनों : सरस मेघ बनकर लहराएँ
पियें न हम सब अपना पानी
प्यासी दुनिया पर बरसाएँ
सरस मेघ बनकर लहराएँ
जैसे धरती अँकुराती है
हरी दूब बनकर गाती है
वैसे हम अपने भावों से
घर-घर में खुशियाँ पहुँचाएँ!
सरस मेघ बनकर लहराएँ।
इन मेघों में बिजली रहती
चमक-चमक कर हमसे कहती
जहाँ अँधेरा मिले, मिटाएँ
पथ-भूलों को राह दिखाएँ
सरस मेघ बनकर लहराएँ।

पुरुष : मालिन! तुम तो लगीं नाचने
मस्त मयूरी-सा गाती हो!
अरी! दूर क्यों लगीं भागने?
पास न क्यों मेरे आती हो?
मस्त मयूरी-सा गाती हो।

स्त्री : तुम भी पास न आना मेरे
आग लगी है इस मधुवन में
भावों की बिजली की लहरें
धुआँ भर रहीं, मेरे मन में
मत पूछो—क्यों शरमाती हो?

पुरुष : मस्त मयूरी-सा गाती हो।

स्त्री : तुम माली, मैं मालिन प्रियतम!
बादल राजा, वर्षा रानी!
दोनों आज बनेंगे त्यागी।

पुरुष : सचमुच आज बनेंगे त्यागी।

स्त्री : यही मेघ की गीता प्रियतम!
सागर से अंबर तक फैली।

पुरुष : सचमुच यह गीता है रानी!
इसमें कर्मयोग का पानी।

स्त्री : कृषकों का हल-बैल यही है
मजदूरों की यही कुदाली।

पुरुष : मेघ लुटाते जीवन सब को
बिना मेघ अंबर भी खाली।
मजदूरों की यही कुदाली।

स्त्री : आज बरसता है खेतों पर

अन्न-फूल-फल बनकर बादल!
प्रकृति हुई सतरंगी प्रियतम!
हुआ भविष्यत् सबका उज्ज्वल!
पुरुष : मंगल-मय जीवन की धारा।
यह वर्षा का मौसम प्यारा।
स्त्री : यह वर्षा का मौसम प्यारा।
दोनों : न्यारी मधु-मय रस की धारा।
यह वर्षा का मौसम प्यारा।
मौसम प्यारा
मौसम प्यारा।
मौसम प्यारा।
पुरुष : हिंदू-मुस्लिम-सिख-ईसाई
इसमें भेद नहीं कर पाते
स्त्री : बूँद-बूँद में एक धर्म है
समता ममता
प्यार अहिंसा
दान दया का सरस कर्म है!
पुरुष : बूँद-बूँद में एक धर्म है!
स्त्री : यही धर्म कहता है प्रियतम!
मैं हरियाली चूनर ओढ़ूँ
पुरबैया डाले गलबाहें
फिर नाचूँ रिमझिम अंबर में
नई दूब का जन्म-दिवस है।
दोनों : नई दूब का जन्म-दिवस है।
गिरि के पाषाणी अन्तर से

बहने दो जीवन की धारा
अलसाए वन में गाने को
मचल रहा पावस-बंजारा!
    नई पीर का जन्म-दिवस है
    नई दूब का जन्म-दिवस है।
सरिता की लहरों में बूँदें
कल-कल के वरदान सुनातीं
लहरों के द्वारों पर किरणें
झिलमिल बन्दनवार सजातीं
नई साध का जन्म-दिवस है
नई दूब का जन्म-दिवस है।
    जन्म-दिवस है
    जन्म-दिवस है
(धीरे-धीरे ध्वनियाँ मन्द पड़ती हैं।)

यवनिका

मुक्ति-ध्वजा फहरे

(पार्श्व-ध्वनि के पश्चात् समवेत गान)

मुक्त गगन में
मुक्त पवन में
    मुक्ति-ध्वजा फहरे!
हिम-शिखरों से
रामेश्वर तक
    मुक्ति-घोष लहरे!
    मुक्ति-ध्वजा फहरे!

पुरुष-स्वर : यही ध्वजा वह
जो त्रिकाल में
तीन लोक में
भारत माता के गौरव की
शुभ प्रतीक है

नारी-स्वर : आओ इसको
नमन करें सब
आज हमारा
मुक्ति-दिवस है

मानवता की विश्व-विजय का
दिव्य दिवस है!
(पार्श्व ध्वनियाँ, सामूहिक गीत)
दिव्य दिवस पन्द्रह अगस्त
यह मुक्ति-पर्व प्यारा!
रचे वेद जिसके ऋषियों ने
दर्शन-सार सुनाया।
आयुर्वेद-खगोल-गणित का
जग को ज्ञान कराया।
सबकी आज़ादी का हामी भारतवर्ष हमारा!
दिव्य दिवस पन्द्रह अगस्त, यह मुक्ति-पर्व प्यारा।
इसके बुद्ध ले गए जग में
पंचशील की वाणी।
महावीर-नानक समझाते
सभी बराबर प्राणी।
जकड़ गया हथकड़ियों में पर
हिम्मत कभी न हारा।
दिव्य दिवस पन्द्रह अगस्त, यह मुक्ति-पर्व प्यारा।
पुरुष-स्वर : इसे लूट कर गया सिकंदर
गज़नव का महमूद, मुहम्मद–
गोरी करता रहा आक्रमण
कितनी बार लुटी यह धरती
नादिरशाही खून-खराबा!
नारी-स्वर : अंग्रेजों ने दिल्ली छीनी
और हुई मज़बूत बेड़ियाँ
किन्तु हमारी आज़ादी का

दीपक नहीं बुझा पाए वे!
बाती से बाती को जोड़ा
और जल उठीं कई मशालें!

(अनुकूल पार्श्व-ध्वनियों के साथ गीत)

समवेत स्वर : आज़ादी की लिये मशालें
घर-घर से निकले दीवाने।
सन् सत्तावन की वह होली
हिंदू-सिख-मुस्लिम हमजोली
गाते-गाते बढ़ती टोली
खाते सब हँस-हँसकर गोली
सिर पर कफन बाँधकर लड़ते
रहे निरंतर वे मर्दाने!
आज़ादी की लिये मशालें,
घर-घर से निकले दीवाने।
चमका असि-धारा का पानी
स्वर्ग गई झाँसी की रानी
हुई बहादुरशाह ज़फर की
अमर युगों के लिए कहानी।
एक नया इतिहास बनाते
सागर पाट चले मस्ताने।
आज़ादी की लिये मशालें
घर-घर से निकले दीवाने।

पुरुष-स्वर : अंग्रेज कब बुझा सके
स्वाधीनता-मशाल को
कोई नहीं झुका सका
भारत के भव्य भाल को!

नारी-स्वर : आज़ादी की वह चिनगारी
हृदय-हृदय में आग बन गई!
तिलक-गोखले-लाला लाजपत
उबल पड़े ज्वालामुखियों-सम
कूद पड़े स्वातंत्र्य-समर में!

पुरुष-स्वर : उनके पीछे चले गांधी
नेहरू-पन्त-पटेल-भगतसिंह
वीर चन्द्रशेखर-सुभाष-से
बढ़ते गए तोप-गोलों में
गाते-गाते विजय-तराने!

(फिर अनुकूल पार्श्व-ध्वनियाँ गीत–)

चलो चीरते हुए अँधेरा
आज़ादी का सूरज लाएँ।
जिस धरती ने दूध-अन्न-फल
देकर हमको बड़ा किया है।
हाथ पकड़ चलना सिखलाकर
जिस पर माँ ने खड़ा किया है।
काट गुलामी की ज़ंजीरें
हम सब उसको मुक्त बनाएँ।
चलो चीरते हुए अँधेरा
आज़ादी का सूरज लाएँ।
गोली-गोलों की वर्षा में
बढ़ते रहें क़दम तूफ़ानी।
लिए विजय का केतु गर्व से
चढ़ते रहें शिखर बलिदानी।
गूँजें हुंकारें अंबर में

हम स्वदेश आज़ाद बनाएँ।
चलो चीरते हुए अँधेरा
आज़ादी का सूरज लाएँ।

नारी-स्वर : उत्तर से दक्षिण तक गूँजा
पूर्व से पश्चिम तक गूँजा
एक यही स्वर हवा ले चली
नर हो, बालक हो, नारी हो
सबके ओठों पर
यह स्वर था—
हम स्वतन्त्र होकर दम लेंगे।

पुरुष-स्वर : देश-प्रेम की यही आग
बन गई धधकती ज्वाला
बयालीस की महाक्रान्ति का
नेहरू-गांधी और बोस ने
शंख बजाया—
"अंग्रेजो! अब तंद्रा त्यागो
भागो तुम
भारत से भागो!"

नारी-स्वर : हिंदू-मुस्लिम-सिख-ईसाई
कूदे फिर स्वातंत्र्य-समर में
गाते-गाते
गीत विजय का!

(पार्श्व-ध्वनि के साथ गीत)
भरत-भूमि हम सबकी माता
हम इसके रखवाले हैं।
इस धरती को रक्त हमारा अर्पित है

बलिदानों के चंदन से यह चर्चित है
कण-कण इसका हुंकारों से गर्जित है
भागो ओ अंग्रेज बज्र बन
तुम पर गिरनेवाले हैं!
भरत-भूमि हम सबकी माता
हम इसके रखवाले हैं।
शिशुओं की मुस्कान नहीं बिकने देंगे।
नारी का सम्मान नहीं लुटने देंगे।
मानवता का मान नहीं घटने देंगे।
हम साहस का सिंधु गरजता
हम सैनिक मतवाले हैं।
भरत-भूमि हम सबकी माता
हम इसके रखवाले हैं।
हम हर घाटी हर पर्वत पर अंगारा
हम वीरों के तन में बहती रण-धारा।
हम चमके अंबर में बन जय-ध्रुवतारा।
हम इतिहास बनानेवाले
गीता लिखनेवाले हैं।
भरत-भूमि हम सब की माता
हम इसके रखवाले हैं।

पुरुष-स्वर : चकित हुए अंग्रेज
देश की देख एकता
अटल शूरता
अतुल वीरता
युवा-शक्ति की
देश-भक्ति का

एक-एक स्वर उन्हें चीरता!

नारी-स्वर : समझ गए वे
इस भारत की
साँस-साँस में
स्वतंत्रता है
आँख-आँख में स्वतंत्रता है
तन में बहते हुए रक्त की
बूँद-बूँद में स्वतंत्रता है

पुरुष-स्वर : और तभी तो
खोल गुलामी की ज़ंजीरें
तोड़ देश को
भाग गए वे!

नारी-स्वर : सदियों बाद मिली आज़ादी
लालकिले पर
उड़ा तिरंगा
हरा-श्वेत-केसरिया अंबर
और मध्य में चक्र-सुदर्शन!

पुरुष-स्वर : आओ हम सब
करें कामना।
सदा हृदय में
रहे भावना—
जब तक सूरज उगे पूर्व में
तब तक उड़े तिरंगा नभ में!

समवेत स्वर : गीत
आओ नई प्रभाती गाकर
घर-घर में अरुणोदय लाएँ।

घर-घर में अरुणोदय लाएँ।
सब धरती के लाल श्रम करें
हों समान सुख-दुख के भागी।
सदाचार-मय बने ज़िन्दगी
मानवता के हों अनुरागी।
नव समाज-निर्माण करें हम
नूतन युग का गान सुनाएँ।
नूतन युग का गान सुनाएँ।
उसे साथ ले नया प्राण दें,
जो शोषित है, दूर पड़ा है।
दुखों और सन्तापों में जो
अन्यायों से सदा लड़ा है।
अंधकार में भटक रहा जो
आओ उसको ज्योति दिखाएँ।
आओ उसको ज्योति दिखाएँ।
उठें स्वार्थ की सीमाओं से
बादल-सम नभ में लहराएँ।
पियें न हम अपना ही पानी
प्यासी दुनिया पर बरसाएँ।
सुमन बनें, सौरभ दें सबको
समता का त्यौहार मनाएँ!
समता का त्यौहार मनाएँ!
समता का त्यौहार मनाएँ!

(धीरे-धीरे स्वरांत)

इति

स्वर्ण-विहान

[नेपथ्य में मंद-संगीत के पश्चात्]

प्रथम स्वर : सागर लहरों में गाता है
हिमगिरि उसको दुहराता है
आया फिर गणतंत्र-दिवस यह
जो जन-मंगल का दाता है।

द्वितीय स्वर : शोषण के जर्जर शिखर भग्न
अत्याचारों का करो अंत!
सदियों के पतझर में रोती
बगिया में फिर लाओ वसंत।

प्रथम स्वर : फूलों में नूतन गंध जगे
आँखों में लहराए पराग।
सदियों की धूमिल आशा अब
कोकिल से सीखे मधुर राग।

द्वितीय स्वर : जन-मन-भाषा के कंठ खुलें
दलितों-दुखियों को मिले त्राण।
जो सूख रहे हैं तापों में

वे हरे बनें पा नया प्राण।

पार्श्व ध्वनि : जय मातृभूमि, जय जय स्वदेश
तुम रणचंडी, तुम रुद्र-वेश

प्रथम स्वर : आ रहा इधर
शायद कोई।

द्वितीय स्वर : तो छिपकर उसका सुनें गान।
है कितना स्वर में स्वाभिमान!

प्रथम स्वर : पर छिपना होगा अभी व्यर्थ।
जानें उसको, कितना समर्थ?

आगंतुक : **(निकट आकर)**
यह देश साहसी वीरों का
प्रण के पक्के रणधीरों का।

द्वितीय स्वर : हे आगंतुक! तुम कौन
कहाँ से आए हो?

प्रथम स्वर : हम शांति चाहते हैं भू पर
तुम कौन संदेसा लाए हो?

आगंतुक : मैं नारद हूँ
युग का प्रहरी
संदेश स्वर्ग का लाया हूँ।

द्वितीय स्वर : लेकिन हम धरती के प्राणी,

प्रथम स्वर : धरती की बात समझते हैं।
स्वर्गों की कल्पित भाषा से,
हम दूर सदा ही रहते हैं।

आगंतुक : मुझको गांधी ने भेजा है
वे बात धरा की कहते हैं।

द्वितीय स्वर : गांधी को ही जब मार दिया
संदेश सुनेगा कौन यहाँ?
सब वर्तमान में जीते हैं
है भूत-भविष्यत् ज्ञान कहाँ?

प्रथम स्वर : **(गीत)**

नारद! बाहर चहल-पहल है
भीतर तो इंसान रो रहा।
धन केवल धन से परिचित है
उसे तृप्ति की नहीं कामना।
श्रम आधार नहीं जीवन का
छल-प्रवंचना की उपासना।
नगरों के हर चौराहे पर
नर अपनी पहचान खो रहा।
नारद! बाहर चहल-पहल है
भीतर तो इंसान रो रहा।
जब तक त्याग नहीं जीवन में
ग्रहण समर का मूल रहेगा।
होड़ रहेगी सुख-संचय की
हर प्रवाह-प्रतिकूल बहेगा।
कौन स्वर्ग की भाषा समझे,
हर जन अपना अर्थ खो रहा।
नारद! बाहर चहल-पहल है,
भीतर तो इंसान रो रहा।
दूर-दूर एकांत ग्राम तक
फैल रहा आंतक शहर का।

बीच भँवर में नौका डूबे
मूल्य बताए कौन लहर का?
हिंसा के इस युग में देखो,
हर जन विष के बीज बो रहा।
नारद! बाहर चहल-पहल है
भीतर तो इंसान रो रहा।

नारद : वे, समझ रहे जो आज़ादी।
वे, देख रहे जो बर्बादी।
वे, जिनको मानवता प्यारी।
वे, जो हैं सेवा-व्रत धारी।

द्वितीय स्वर : अन्याय चतुर्दिक सहते हैं
फिर मौन बने क्यों रहते हैं?
उनसे गांधी क्या कहते हैं?

नारद : मैं चला
अभी पाताल लोक
है वहाँ नाश की तैयारी
गांधी की छाया आती है
तुम सुनो स्वयं
क्या कहती है!
(जाने का संकेत)

छाया-ध्वनि : लाया है गणतंत्र जागरण, नवजीवन की भाषा!
पानी-पवन बहा करते हैं
प्रगति-पंथ पर धरती।
बँधी रूढ़ियों में मानवता
यहाँ अकारण मरती।

उदय हुआ है सूर्य, दे रहा नए विभव की आशा
लाया है गणतंत्र जागरण, नवजीवन की भाषा।
कोटि-कोटि मानव की जननी
भारत-माँ की जय हो।
हरा-भरा है इसका आँगन
संतति मुक्त अभय हो।
रहे न कोई भूखा-नंगा, व्यापे नहीं निराशा
लाया है गणतंत्र जागरण, नवजीवन की भाषा।
(जाने का संकेत)

प्रथम स्वर : नारद गए
गई छाया भी
फिर भी कोई गाता।

द्वितीय स्वर : अरे! आज तो
स्वयं आ रहीं
गातीं भारतमाता
(आने का संकेत)

भारतमाता : सुमन गणतंत्र लाया था
मगर वे शूल में बदले
न इससे हार तुम मानो।
करेंगे क्या नदी-नाले
चुके हो बाँध तुम सागर
न देखो तुम निराशा से
झुका दो भूमि पर, अंबर
अँधेरी रात के तारे, तुम्हारी आरती गाते
विजय की राह पहचानो।

न इनसे हार तुम मानो।
क्षणिक संसार के सुख हैं
न भूलो त्याग की गरिमा।
घिरे आंतक के बादल
मिटाते शांति की महिमा।
तुम्हारी दूर है मंज़िल, नहीं है साथ कोई भी
न अपनी शक्ति कम जानो।
विजय की राह पहचानो।
न इनसे हार तुम मानो।

प्रथम स्वर : आ गई माँ, गीत गाती
किंतु तुम यह तो बताओ
यहाँ सब लड़ रहे हैं
माँगते अधिकार
किसको
आज चिंता है तुम्हारी?

द्वितीय स्वर : बँट गए सब
जातियों में
संप्रदायों का विभाजन
कुर्सियाँ लड़तीं परस्पर!

प्रथम स्वर : हो रहा गणतंत्र जर्जर
बात छोटी किंतु भीषण!
घर भरे हैं स्वर्ण से फिर
भ्रष्ट होता आचरण क्यों?
लुट रहा है देश
कोई राह फिर ऐसी दिखाओ

रह सके जनतंत्र रक्षित!

भारतमाता : पुत्र मेरे हो सभी तुम
जाति कोई, धर्म कोई
वृक्ष वट का मैं
तुम्हारा देश जिसकी
मूल नीचे बहुत गहरी
और ऊपर भी जटाएँ
मूल का ही रूप
सबमें एक ऊर्जा!
भेद जितने
बढ़ रहे हैं
सब मिटाकर एकता की
राह फिर अपनी बनाओ!

द्वितीय स्वर : बात गहरी
किंतु माता!
भेद अगणित हो गए हैं
स्वार्थ में सब खो गए हैं
वेद औ वेदांग पढ़कर
जो बने विद्वान् वे भी
क्यों हुए पथ-भ्रष्ट
आगे क्या नहीं होंगे
भरोसा कौन इसका
अब दिलाए!

भारतमाता : यह निराशा बहुत घातक
आस्था का

तुम नया दीपक जलाओ
यह अँधेरा
एक दिन मिटकर रहेगा
साथ मेरे
गीत गाओ
(समवेत स्वर में गीत)
हम मानव हैं हमें धरा पर
प्यार और सुख-शांति चाहिए।
गणतंत्रों की परिभाषा तक,
लौटें स्वर विद्रोही कवि के।
हिंसा मिटे शांति की जय हो
गूँजें गीत गगन में रवि के।
संवेदन के खँडहरों में
भावों की नव क्रांति चाहिए।
हम मानव हैं हमें धरा पर,
प्यार और सुख-शांति चाहिए।
शंख-ध्वनि में सुना रही है
आज हमारी शाश्वत वाणी।
यह मानव की धरती, इस पर
शोषित नहीं रहेगा प्राणी।
कंगालों के कंकालों में
नव शोणित संचार चाहिए।
हम मानव हैं हमें धरा पर,
प्यार और सुख-शांति चाहिए।
जहाँ स्वार्थ पर केंद्रित होकर

रक्त पिए मानव मानव का
दीन और दलितों के श्रम पर
महल उठे अन्याय-विभव का।
वहाँ पाप धोने समाज के,
महासिंधु का ज्वार चाहिए।
    हम मानव हैं हमें धरा पर,
    प्यार और सुख-शांति चाहिए।
    नहीं चाहिए ऐसा रवि जो
    ऊँची मीनारों पर आए।
    घास-फूँस की झोंपड़ियों में
    जो शोषण की आग लगाए।
मिट्टी को भी स्वर्ण बनाए
    ऐसा स्वर्ण-विहान चाहिए।
    ऐसा स्वर्ण-विहान चाहिए।
    ऐसा स्वर्ण-विहान चाहिए।
    ऐसा स्वर्ण-विहान चाहिए।

(धीरे-धीरे स्वर मंद होता है।)

इति

विजय-पर्व

[विषाद-पूर्ण संगीत के मध्य दूर से आती हुई चीत्कारें-कराहें! कुछ ध्वनियाँ पास आती हैं। संगीत धीरे-धीरे रुक जाता है।]

एक स्वर : हाय रे ऽ ऽ! मार डाला!...मार डाला मुझे! बचाओ...बचाओ कोई ऽ ऽ...!

दूसरा स्वर : अरे...रे ऽ ऽ!...यह क्या करता है तू! क्या मुझे नंगी ही कर देगा? हाय रे ऽ ऽ!...इस दुष्ट ने तो मुझे नीचे ऽ ऽ...गिरा ऽ ऽ...दिया ऽ ऽ!

तीसरा स्वर : अरे ऽ...रे ऽ ऽ...! मेरा तो विद्याश्रम ही जला दिया किसी ने!...सामने बिखरे हुए नर-कंकाल!...मैं चार दिन बाहर रहा उसी बीच यह क्या हो गया?...क्या सभी ब्रह्मचारी मार डाले गए?

(अचानक वीणा का स्वर। धीरे-धीरे गीत उभरता है)

ईश की कैसी माया रे!
ईश की कैसी माया रे!
चारों ओर विषाद-शोक धरती पर छाया रे!

ईश की कैसी माया रे!

सुषमा-गन्ध लुटी कलियों की
लतिकाओं का प्यार।
चमन हो गए खाली, दर-दर
भटक रहा शृंगार!
पाषाणी बन गई रूप की कोमल काया रे!
ईश की कैसी माया रे!

वरुण कुबेर बँधे किसके घर
देता पहरा सूर्य।
हाथ जोड़ते खड़े सप्तऋषि
इंद्र बजाता तूर्य!
दशों दिशाओं में यह किसका भय गहराया रे!
ईश की कैसी माया रे!

दश आनन वाला यह शासन
निगल चला संसार!
जड़-चेतन सब काँप रहे हैं
भीषण हाहाकार!
यह रावण का राज धरा पर कैसा आया रे!
ईश की कैसी माया रे!
ईश की कैसी माया रे!

(गीत रुकते ही वाल्मीकि का स्वर)

वाल्मीकि : ठीक कहते थे देवर्षि आप!...रावण लंपट है...सत्ता-लोलुप...अत्याचारी। असुरों और मानवों को परास्त कर वह राक्षसराज लंकाधीश बना।

परम ज्ञानी-विज्ञानी होते हुए भी वह अपनी तृष्णाओं को वश में न रख सका।

नारद : इसीलिए तो उसने तीनों लोकों की संपत्ति का हरण कर सोने की लंका बनाई। विलास की सारी सामग्री एकत्र कर नारियों को रनिवास में रखा। वृहस्पति-वंशीय कुशध्वज की पुत्री वेदवती को बलात्कार के लिए केश पकड़कर खींचा। भाई की पुत्रवधू रंभा के साथ अन्याय किया। तक्षक नागराज की पत्नी को ले भागा!

वाल्मीकि : और इंद्र की अमरावती में अप्सरा पुंजीकस्थला के साथ भी भीषण अन्याय किया। अनेक विद्याधरियों को उठा ले गया!

नारद : अहंकार में चूर रावण बुढ़ापे में जनक-पुत्री सीता से विवाह करने को लालायित हुआ। जब वह शिव-धनुष न उठा सका तो अपमान का अनुभव करके लंका लौट गया। वह प्रतिशोध की आग में जलता रहा।

वाल्मीकि : दुर्भाग्यवश पिता के वचन का पालन करने के लिए राम ने सीता और लक्ष्मण के साथ वन में निवास किया। वे सीता के आग्रह पर कंचन-मृग का आखेट करने निकले। रक्षार्थ उनके पीछे जब लक्ष्मण भी चले गए तब उस अनाचारी रावण ने सीता का अपहरण किया।

नारद : सीता धरती की पुत्री थीं वाल्मीकि! उनके शरीर में एक आग थी, मन में भीषण ज्वालामुखी! लंका

के अशोकवन में अशोक वृक्ष के नीचे बैठकर उन्होंने रावण को फटकारा–

(वीणा बजाते हुए गाते हैं)

मुझको लाया नहीं दशानन!
तू लाया निज काल है।

अगर शक्ति थी तेरे तन में
शिव-धनु क्यों न उठाया?
वंचक साधु बना फिर क्यों तू
मुझे चुराकर लाया!
पर मैं आई नहीं यहाँ, यह–
तन तेरा भ्रम-जाल है।
मुझको लाया नहीं दशानन
तू लाया निज काल है।

ज्ञानी ध्यानी तपी साधु जो
उनको देता पीड़ा!
छीन-छीन सबके सुख-साधन
बना नरक का कीड़ा।
अहंकार का कोलाहल तू
हीन हुआ स्वर-ताल है!
मुझको लाया नहीं दशानन
तू लाया निज काल है।

अभी देख तेरी लंका में
भीषण आग लगेगी
अग्निबाण चलने पर तेरी

सोई बुद्धि जगेगी!
देख, तुझे विष-दंश दे रहा
तेरा ही मन-व्याल है।
मुझको लाया नहीं दशानन
तू लाया निज काल है।

(गीत का अंत होते ही कोलाहल उठता है। फिर कुछ ध्वनियाँ उभरती हैं–)

"बचाओ!...बचाओ!"

"एक बन्दर ने अशोकवाटिका उजाड़ दी।"

"सोने की लंका में आग लगा दी।"

"अरे ऽ ऽ रे! समुद्र पर सेतु बनाकर बंदर-भालुओं की सेना आ रही है!"

"सुनो लंकाधीश! सुनो, ये सैनिक क्या गाते आ रहे हैं...सुनो ऽ ऽ ऽ...!

(सैनिकों का गीत)

फटता नभ अंगारे झरते
    अत्याचारी नहीं बचेगा!
सेतुबंध से सिंधु पार कर
    हम सब सैनिक कदम मिलाते।
अत्याचारों की आँधी में
    बढ़ते जय का दीप जलाते!
पवन-पुत्र साक्षी, सीता का
    चोर दशानन नहीं बचेगा!
जिसने पीड़ित किया प्रजा को
    शोषण-उत्पीड़न फैलाया।

छीन-छीन सुख-भाग सभी का
जग में लंकापति कहलाया।
साक्षी है यह सिन्धु, धरा पर—
ऐसा रावण नहीं बचेगा!
नहीं बचेगा! नहीं बचेगा!

वाल्मीकि : ठीक ही हुआ देवर्षि! सीता के क्रोध की आग लंका-युद्ध में परिणत हो गई। राम के नेतृत्व में सुग्रीव, जांबवान, हनुमान, नल और नील ने सेना का कुशलता से संयोजन किया। एक-एक कर के सभी प्रमुख राक्षस मारे गए। किंतु रावण को मारना राम के लिए असंभव हो गया।

नारद : क्योंकि शिव के वरदान से दुर्गा उसकी सहायता कर रही थीं। वे शुंभ-निशुंभ हननी दश भुजाधारिणी दुर्गा, जिनके लिए यह सृष्टि एक खेल है। तब राम ने रावण पर विजय पाने के लिए उनकी आराधना की—

(गीत)

सत् रज तम में
व्याप रही तू!
हे जगदंबे!
हे जगदंबे!

पृथ्वी में तू गन्ध
गगन में स्वर है
जल में तू ही अग्नि
पवन का घर है।

सकल जगत् में
व्याप रही तू!
हे जगदंबे!
हे जगदंबे!

जड़-चेतन की जननि
सगुण का गुण है
मैं तुझसे ही राम
नाम निर्गुण है!

इस तन मन में
व्याप रही तू
हे जगदंबे!
हे जगदंबे!

हो मुझमें अवतरित
दशभुजा माता!
आ तू दश दिश रक्ष
जगत् की त्राता!

रावण का वध
तेरी क्रीड़ा
हे जगदंबे!
हे जगदंबे!

वाल्मीकि : देवर्षि ! फिर राम ने देखा, दुर्गा की गोद में रावण नहीं था। शक्ति-हीन हो गया था वह!...पाप मात्र रह गया था वह!

नारद : और उस दिन विजयादशमी थी वाल्मीकि! राम ने दशदुर्गा को अपने तन-मन में धारण कर उस पाप-रूप रावण पर अग्निबाण छोड़ा। वह बाण उस पाप-केंद्र पर लगा।

वाल्मीकि : उस रावण की नाभि पर! वह जल उठा!...रावण जल उठा!...उसने प्राण त्याग दिया।

नारद : महाकवि वाल्मीकि! वह रावण व्यक्ति नहीं था, व्यक्ति का एक दुर्गुण था—एक पाप। राम ने उस पाप को नष्ट किया।

वाल्मीकि : उस पाप के नष्ट होते ही पृथ्वी-पुत्री सीता दशानन के अशोक-वन से मुक्त हो गईं। देवताओं और मनुष्यों ने चैन की साँस ली। शिशु, नारियाँ और तपस्वी-जन भय-मुक्त हुए।

नारद : लेकिन महाकवि! पाप के बीज वासनाओं में होते हैं। वह बार-बार अंकुरित होता है। हर युग में रावण जन्म लेता है। इसलिए हर समय सावधान रहना होगा। इस विजय-पर्व को हर युग में जीवित रखना होगा!

(वीणा पर गाते हैं)

मानवता के गायक तुमने
रवि को जन्म दिया है
तुम न अँधेरे को आने दो
किसी दिशा से आए।
तुमने पूजा महाशक्ति को
बनकर राम हृदय का।

नारी मुक्त हुई रावण से
  बन त्यौहार विजय का।
सावधान ! दुर्गा-पूजा का
क्रम न टूटने पाए।
तुम न अँधेरे को आने दो
किसी दिशा से आए।
द्वापर में ले गदा तुम्हीं ने
  कौरव-दल ललकारा।
द्रुपद-सुता के आँसू पीकर
  दुःशासन को मारा।
भीम! तुम्हें सौगंध विजय का
पर्व न मिटने पाए।
तुम न अँधेरे को आने दो।
किसी दिशा से आए।
तुलसी बन मानस के जल से
  तुमने जीवन सींचा।
हरियाली देने मरुस्थल को
  सुधा चाँद से खींचा।
  सावधान! विजयादशमी का
  पर्व न मिटने पाए।
  तुमन अँधेरे को आने दो
  किसी दिशा से आए।

(धीरे-धीरे मन्द होता हुआ स्वर समाप्त हो जाता है।)

इति

महात्मा की प्रतीक्षा

(मन्द-पार्श्व ध्वनियों के पश्चात् कुछ स्वर उभरते हैं।)

पुरुष-स्वर : कर्मण्येवाधिकारस्ते, मा फलेषु कदाचन।
मा कर्मफलहेतुर्भू ते संगोऽस्त्व कर्मणि।।

स्त्री-स्वर : मैं समझी नहीं विज्ञानचन्द्र!...क्या कहा तुमने?

विज्ञानचन्द्र : यही कि तुम कर्म करो...कर्म...सिर्फ कर्म!...फल पर तुम्हारा कोई अधिकार नहीं है...इसलिए फल की कामना मत करो।

स्त्री : तब फल पर किसका अधिकार है?...उनका जो कर्म नहीं करते?

विज्ञानचन्द्र : हाँ जनवती!...हाँ...दोनों काम एक साथ नहीं हो सकते। कर्म करनेवाले यदि फल चाहेंगे, तो कर्म नहीं कर सकेंगे।...तुम फल के लिए नहीं हो...कर्म करो...रात-दिन कर्म!

जनवती : मिलों-कारखानों में...खेतों-खलिहानों में...सर्वत्र मैं कर्म करूँ? मैं पत्थर कूटूँ...सड़कें और

बहुमंजिले भवन बनाऊँ...नदियों पर पुल...समुद्रों के जलयान...सब कुछ मेरे श्रम से बनें...और फल?...फल उनके लिए छोड़ दूँ जो श्रम नहीं करते? किसने कहा था यह?

विज्ञानचन्द्र : भगवान् कृष्ण ने...उन्होंने हमें निष्काम कर्म की शिक्षा दी है...मैं उन्हीं की आज्ञा मानकर निरंतर नए-नए आविष्कार कर रहा हूँ...

जनवती : और उसका सुफल भोग रहे हैं वे जो कर्म नहीं करते।...नहीं-नहीं तुम्हारी उनके साथ साँठ-गाँठ है।...भगवान् कृष्ण के कथन का यह अर्थ नहीं है...वे हमें अकर्मण्य होकर फल भोगने का उपदेश नहीं देते...

सत्तावती : **(प्रवेश करके)** तुम्हें भगवान् कृष्ण के कथन की व्याख्या करने का भी कोई अधिकार नहीं है।...व्याख्या वही सही होगी, जो मैं चाहूँगी।

जनवती : तुम...तुम व्याख्या करोगी गीता की...मुझे गरीबी की रेखा के नीचे दबाकर रखने के लिए?...मेरी सन्तानें काम करती रहें, लेकिन पेट-भर खाना न माँगें...बच्चे माताओं के स्तनों से दूध की बूँद भी न पा सकें और भूखे-प्यासे रोते-रोते सदा के लिए सो जाएँ...इसके लिए तुम मुझे गीता दिखाओगी?...कर्म और फल का रहस्य समझाओगी?

सत्तावती : विद्रोह की भाषा बंद करो जनवती!...विज्ञानचन्द्र हमारा साथी है!...इसकी सहायता से धरती-

आकाश के सारे रहस्य मेरे अधीन होंगे?

विज्ञानचन्द्र : अब तक क्या नहीं दिया मैंने?...जनवती! तुम उनका लाभ उठाओ...कर्म से वह लाभ स्वतः ही मिलेगा...लेकिन उस लाभ की कामना मत करो!

सत्तावती : मैं दूँगी वह लाभ तुम्हें!...परंतु तुम माँगो मत...जो मिले, उसे अपना भाग्य मानकर चुपचाप भोगो।

(अचानक विस्फोटक ध्वनियाँ)

जनवती : **(घबराकर)** क्या हुआ...क्या हुआ यह!...कहीं बम फटा!

सत्तावती : घबराओ नहीं...जाओ उधर और देखो कहाँ यह धमाका हुआ!...ले जाओ अपने साथियों को...पता लगाओ कारणों का...अस्पताल पहुँचाओ घायलों को...क्रिया-कर्म करो मृतकों का!...मैं उनके लिए आर्थिक सहायता घोषित करूँगी?

(जाती है।)

जनवती : और विज्ञानचन्द्र तुम?...तुम क्या करोगे?... नए-नए घातक अस्त्र-शस्त्रों का आविष्कार!...बम फटते रहें, जन-श्रम से बने छोटे-बड़े निर्माण ध्वस्त होते रहें...युद्ध चलते रहें...ताकि कुछ लोग बिना कर्म किए दूसरों के श्रम का फल भोगते रहें?

विज्ञानचन्द्र : लेकिन तुम यह क्यों भूलती हो कि घातक अस्त्र-शस्त्रों का आविष्कार मैं न करता तो नए-नए निर्माणों की रक्षा कैसे होती?...कैसे चलते

बड़े-बड़े कल-कारखाने...कैसे पहुँचता मानव नक्षत्रों तक?

(नेपथ्य में रोदन-ध्वनियाँ, शोर-गुल)

जनवती : फिर बात करूँगी...मुझे जाने दो उधर...उधर जन-समूह हाहाकार कर रहा है। **(जाती है)**

(गीत गाता हुआ कविप्रकाश आता है, विज्ञानचन्द्र भी कुछ गुनगुना रहा है।)

कविप्रकाश : **(गाता है)**

इस तिमिर को, और कितनी
दूर तक तुम ले चलोगे?
भूख को गीता दिखाकर
और कितना तुम छलोगे?
    इस तिमिर को और कितनी
    दूर तक तुम ले चलोगे?
ज़िन्दगी पूजा नहीं पाषाण की
जो आरती से तृप्त होगी।
शस्त्र ही गढ़ते रहे तो
सृष्टि सब अभिशप्त होगी।
खोजकर काली निशाएँ
किस दिशा में तुम बढ़ोगे?
    इस तिमिर को...
ठीक थी विज्ञान की जय,
किन्तु युद्धों के लिए क्या?
आदमी पैदा हुआ है,
सिर्फ गिद्धों के लिए क्या?

नाश का भीषण नियोजन
और कितना तुम करोगे?
इस तिमिर को और कितनी
दूर तक तुम ले चलोगे?

विज्ञानचन्द्र : ...अद्भुत!...क्या भाव हैं कविराज तुम्हारे! तुमने मान लिया है कि विज्ञान केवल विनाश के लिए ही होता है!...उसके लाभकारी पक्ष पर भी तो ध्यान दो!

कविप्रकाश : और वह लाभ...किसे मिल रहा है?...उन्हीं को तो जो बड़ी-बड़ी सम्पत्तियों पर अधिकार कर चुके हैं।...लेकिन विज्ञान की विनाश लीला तो गरीबों की झोंपड़ियों को ही अधिक निगल रही है!

(जनवती का प्रवेश)

जनवती : कविप्रकाश ! तुम यहाँ?...उधर बम फटा है, अनेक लोग घायल हुए हैं...कई मर भी गए! तुम्हारी करुणा की नदी उधार बहनी चाहिए थी!

विज्ञानचन्द्र : कौन करे तर्क तुमसे!...मैं चलता हूँ।...मुझे विश्व-विज्ञान सभा में भाषण देने जाना है। **(जाने लगता है।)**

जनवती : जाओ...तुम यहाँ जनता को मौत के मुँह में धकेल कर सभाएँ करो...आविष्कारों की योजनाएँ बनाओ! जाओ पहुँचो चन्द्र-मंगल पर!

(नेपथ्य में पुनः शोरगुल और हाहाकार उभरता है। सत्तावती प्रवेश करती है।)

कविप्रकाश : तुम आ गईं?...चलो, देखो उधर, कितना विनाश

हो गया। कैसा हाहाकार मचा है।

सत्तावती : क्या करूँ मैं, समझ में नहीं आता! मारनेवाले भी जनता से आ रहे हैं और जो मर रहे हैं, वे भी जनता के ही व्यक्ति हैं!...फिर क्यों हो रहा है यह सब?

जनवती : क्योंकि सत्ताएँ आपस में लड़ रही हैं...और उसका फल भोग रही है जनता।

कविप्रकाश : तुमने भी एक नई बहस छेड़ दी जनवती।...जो घायल हुए हैं, वे सहायता के लिए तड़प रहे हैं...सुन नहीं रही हो यह हाहाकार?

सत्तावती : जाओ जनवती! सहायता का प्रबंध करो। अनुग्रह-राशि के लिए मैं आदेश करती हूँ।

जनवती : जाती हूँ, हाँ मैं घायलों के इलाज के साधन जुटाती हूँ।

कविप्रकाश : जाओ, तुम भी जाओ सत्तावती!...तुम अनुग्रह-राशि के अलावा कर ही क्या सकती हो!

(गाता है)

चारों ओर घिरा अँधियारा
कैसे सूरज आएगा?
कौन गगन को चीर, रोशनी–
दुखियों तक पहुँचाएगा?

फूल झरे, कलियाँ मुरझाईं
काँटों का विस्तार हुआ।
पहरे बैठ गए मरघट के
जीवन विष की धार हुआ।

दिशाखोर गिद्धों से बचकर
कौन यहाँ जी पाएगा?
चारों ओर घिरा अँधियारा
कैसे सूरज आएगा!

घर के सूने-से कोने में
चिड़िया नीड़ बनाती है।
जाने किसकी कोप-दृष्टि
तिनकों तक को खा जाती है।

बूँद-बूँद संवेदन सूखा
कंठ किसे दुहराएगा!
चारों ओर घिरा अँधियारा
कैसे सूरज आएगा!

(दो व्यक्ति बातचीत करते हुए आते हैं।)

पहला व्यक्ति : आखिर कब तक होती रहेगी यह विनाश-लीला!...क्यों लोग एक दूसरे को मारने में आनंद लेते हैं!...कितना अमानुषिक है यह कार्य!

दूसरा व्यक्ति : स्वाधीनता के पश्चात् हमारी शिक्षा में हिंसा को प्रधानता मिलती रही है। लाखों मेढक प्रति वर्ष निर्दयता से चीर कर विज्ञान की कुछ लहरें गिन पाते हैं हमारे छात्र! साहित्य और संस्कृति का ज्ञान अनावश्यक मान लिया गया है। फिर मनुष्य में निर्दयता और पाशविकता नहीं बढ़ेगी तो और क्या बढ़ेगा?...विचार-शक्ति का ह्रास इसी स्थिति का कुफल है।

कविप्रकाश : तुम दोनों बहुत समझदार जान पड़ते हो। लेकिन

इधर उल्टे कहाँ जा रहे हो?...बम तो उधर फटा है...उधर!

पहला व्यक्ति : हम उधर से ही आ रहे हैं...वहाँ जनता ने बम-विस्फोट के विनाश का आक्रोश पुलिस और प्रशासन पर उतारा है—कई सरकारी वाहनों को भी आग लगा दी गई है।

दूसरा व्यक्ति : एक अधिकारी और कई सिपाही भी घायल हुए हैं।

कविप्रकाश : और उस समय तुमने क्या किया?

पहला व्यक्ति : हम क्या करते?...हम तो व्यापारी हैं। हमको तो अपने गोदामों की सुरक्षा की चिन्ता थी, सो इधर आ गए। जनता की रक्षा और सहायता का उत्तरदायित्व तो सरकार का है, सो सरकार ही जाने। **(जाते हैं)**

कविप्रकाश : सरकार जाने!...और जनता?...जनता हाथ पर हाथ धरे बैठी रहे!...चलचित्रों में हिंसा और बलात्कार के दृश्यों से मनोरंजन करे!...जब कोई भीड़ जिन्दाबाद बोले तो जिन्दाबाद कह दे, जब मुर्दाबाद का नारा उठे तो उसमें शामिल हो जाए!...यही बन रही है जनतन्त्र की संस्कृति!...हिंसा...हिंसा...हिंसा...सर्वत्र मन, वाणी कर्म से हिंसा !

(एक युवक का प्रवेश)

युवक : क्या बड़बड़ा रहे हो कविराज!...तुम अपना रक्तचाप क्यों बढ़ा रहे हो?...हिंसा तो आज की संस्कृति बन चुकी है...आम आदमी के लिए

रोज-रोज का खेल हो गई है।...यही नहीं विदेशों में भी यही सब हो रहा है। वस्तुतः उन्हीं की देन है यह संस्कृति!

कविप्रकाश : तभी तो तंग आकर आज पश्चिमी देशों के लोग महात्मा गांधी की अहिंसाचर्या को याद करने लगे हैं!

युवक : लेकिन क्या होगा अब उन्हें याद करने से। बहुत आगे निकल आई है मानवजाति! चारों ओर निराशा ही निराशा छाई है...सब लोग हार मानकर थके बैठे हैं, किसी को किसी से कोई सरोकार नहीं रहा!

कविप्रकाश : ऐसे ही लोगों को तो जगाना है युवक!

(गाता है)

अगर बचाना है धरती को
  निर्झर बनकर चल !
रुके न तेरा चरण, रोकने
  आए पर्वत राहें।
चीर जंगलों को, सागर तक
  फैला अपनी बाँहें।
यदि तू भारत-पुत्र, आज तो
  ज्योति-शिखर बन जल।
अगर बचाना है धरती को
  निर्झर बनकर चल।
जहाँ प्रेम के फूल खिले थे
  वहाँ रक्त की धारा।

गली-गली में मौत फिर रही,
जीवनदानी हारा।
भूले हम गौतम-गांधी को,
छाया कोलाहल!
अगर बचाना है धरती को
निर्झर बनकर चल।
देख इधर तू ज्वाल-नयन से
मिटे अँधेरा क्षण में।
बन अगस्त्य पी हिंसा-सागर
जय हो जीवन-रण में।
वर्तमान को बचा नहीं तो
आ न सकेगा 'कल'
अगर बचाना है धरती को
निर्झर बनकर चल।

युवक : कैसे बचाया जाए वर्तमान?...कविराज! जनता और सत्ता—दोनों को जगानेवाला गांधी अब कहाँ है? कौन देगा अब आत्मबल?...जनता सत्ता को कोसती है और सत्ता जनता को दोषी ठहराती है! कहाँ है सत्य का स्रोत?...कविराज! मेरी समझ में तो कुछ नहीं आ रहा।

कविप्रकाश : निराश न हो युवक!...आओ उसी महात्मा के पुनर्जन्म के लिए प्रार्थना करें! शरीर से न सही, अपनी आत्मा से ही वह संसार की असंख्य जनता में अवतरित हो। उस महात्मा की अहिंसा अखिल जन -मन में जीवन का मंगल-मय सागर बनकर

लहरा उठे।...गाओ युवक!...मेरे साथ तुम भी गाओ!

(दोनों गाते हैं)

हिंसा की आँधी धरती पर
आकाश आग बरसाता है।
हे महामनुज! अवतरो पुनः
प्रलयाब्धि गरजता आता है।
धन से, धरती से, मोह बढ़ा
सत्ता का व्याल उठाता फन!
धृतराष्ट्र कान भी खो बैठे
गाजर-मूली-सा कटता जन।
सब ओर बह रहा मनुज-रक्त
हर वृक्ष टूटता जाता है।
हे महामनुज! अवतरो पुनः
प्रलयाब्धि गरजता आता है।
तप-त्याग-सत्य-नय स्वप्न हुए
बढ़ रहा नित्य भीषण जंगल!
अन्याय, दंभ, पाखंड-कर्म,
दुष्प्राप्य हुआ मानव-मंगल!
डूबतीं दिशाएँ सूरज की,
सब ओर तिमिर लहराता है।
हे महामनुज! अवतरो पुनः
प्रलयाब्धि गरजता आता है।

(धीरे-धीरे स्वर मन्द होकर समाप्त हो जाता है।)

इति

यज्ञ-कुण्ड की चिनगारी

(मंद संगीत-ध्वनि। 'तू चीज़ बड़ी है मस्त-मस्त' गीत का बजता रिकार्ड।)

पुरुष-स्वर : बंद करो...अरे ऽऽ बंद करो, बहुत हो गया !

स्त्री-स्वर : क्या हो गया...पानी गर्म हो गया, यही न !

पुरुष : **(खीझ-भरे स्वर में)** भाड़ में गया तुम्हारा गर्म पानी ! मैं ठंडे से ही नहा लूँगा !

स्त्री : तो क्या बंद करूँ ?

पुरुष : अरी कालिदास की औलाद !...यह रिकार्ड बंद करो !...देखो उधर, वे बच्चे क्या कर रहे हैं !

स्त्री : क्या कर रहे हैं ! ...आई ऽऽऽ !

पुरुष : प्रेम का नाटक खेल रहे हैं वे !...इन अबोधों की अभी आयु ही कितनी हुई है कि...

स्त्री : कि क्या...लता पाँच की और टिंकू तीन का ! ...क्या नाटक खेल रहे हैं वे !

पुरुष : दोनों एक-दूसरे के ओठों से ओठ दबाए

खिलखिला रहे हैं...तुम्हीं देखो।

स्त्री : (**देखती हुई**) अरे टिंकू !...यह क्या हो रहा है !

(**इसी बीच दरवाज़े की घंटी बजती है।**)

स्त्री : आई ऽऽ ! (**दरवाज़ा खोलने की आवाज़**)

दूसरी स्त्री : (**भीतर आती हुई**) अरी माधुरी !...देखो यह आज का अँग्रेजी अखबार !...देखा तुमने !

माधुरी : नहीं तो। क्या है बीना इसमें !

बीना : वही रोज का रोना !...हर दिन एक गंदी तस्वीर ! ...कल मैंने अखबार के संपादक को फोन किया था कि नई पीढ़ी पर कुछ तो महरबानी करो ...कुछ तो रहम खाओ...ये अश्लील चित्र छापना बंद करो !

माधुरी : क्या उत्तर मिला तुम्हें ?

बीना : यही कि तुम दकियानूस हो...मनोविज्ञान नहीं जानतीं ! ये सब चीज़ें तो शिक्षा का अंग होनी चाहिए !

माधुरी : हाय ऽ राम ऽ !...तुमसे ऐसी बात !...शर्म नहीं आई उसे ! ...कैसा संपादक है वह !

बीना : कोई स्त्री ही बोल रही थी...मैंने कहा, संपादक जी से बात कराइए !...उसने फोन ही रख दिया !

पुरुष-स्वर : कौन आया है माधुरी !...किससे इतना बतिया रही हो ?...मेरे गर्म पानी का क्या हुआ ?

बीना : मैं हूँ बीना, रमन भैया जी !...अँग्रेजी का अखबार दिखाने आई हूँ !...इसमें रोज औरत का अश्लील चित्र छपता है !

(माधुरी कुछ बड़बड़ाती रसोईघर की ओर जाती है।)

रमन : क्या है उसमें खास बात ???...मैं तो हिंदी का ही देर में पढ़ पाता हूँ...इसमें भी ज्यादातर खबरें हिंसा और बलात्कार की छपती हैं !

बीना : देखो भैया !...आप इस अँग्रेजी अखबार को देखो। खबर तो खबर, यह तो रोज़ एक ऐसा ही चित्र छापता है !...मुझे तो देखने-दिखाने में भी शर्म आ रही है ! ...एक ओर तो हम औरत के अधिकारों की बातें करते हैं, और दूसरी ओर ऐसा अपमान !

रमन : छोड़ो बीना इसे...टीवी की टीबी सबको लगती जा रही है ! फिर फिल्मों में क्या आ रहा है, आजकल ! ...वहीं से ये अखबार वाले भी तो गंदी लगने वाली तस्वीरें लेते हैं ! कोई नहीं सोचता कि इन्हें देख-देख कर कैसी नई पीढ़ी तैयार हो रही है !

माधुरी : **(रसोईघर से)** पानी तो बहुत गर्म हो गया !... कुछ ठंडा मिला दूँ क्या !

रमन : मिला दो...मिला दो न !...यह भी कोई पूछने की बात है ?...मुझे नहलाओगी या जलाओगी !

माधुरी : **(बड़बड़ाती हुई)** बीना बहिन !...ये हाल है इनका! बात-बात में बाल की खाल निकालते हैं !

(फोन की घंटी बजती है।)

रमन : **(फोन पर)** हलो ऽऽ !...कौन वागीश जी !...क्या कहा !...आज छुट्टी है !...प्रिंसिपल की लड़की

भाग गई !...अच्छा-अच्छा ऽऽ...! उसे कोई भगा ले गया !...कॉलेज में प्रिंसिपल के प्रति सहानुभूति में छात्रों ने छुट्टी करा दी !

बीना : मैं जाती हूँ माधुरी !...प्रिंसिपल मेरे दूर के रिश्तेदार हैं...गज़ब हो गया यह !

(बीना के जाने का संकेत)

माधुरी : **(बड़बड़ाती हुई)** आजकल हद कर दी है इन लड़के-लड़कियों ने !...कॉलेज पढ़ने जाते हैं या भागने-भगाने !

(लता और टिंकू के झगड़ने और चीखने-चिल्लाने की आवाज़ें)

रमन : मैं तो ये चला बाथरूम...तुम सम्हालो अपनी औलाद !

(बाथरूम के किवाड़ बंद करता है।)

माधुरी : **(चीखती हुई)** इधर आओ लता...ओ टिंकू !... क्यों सारा घर सिर पर उठा रखा है !

(दोनों के दौड़ कर निकट आने का संकेत)

लता : मम्मी ऽऽ !...देखो, टिंकू ने मेरी पीठ पर कैसा मुक्का मारा है ! कहता है, आओ धुसुम-धुसुम खेलें !

माधुरी : हाय राम !...टिंकू रे !...तू दो महीने पहले ही तो तीन का हुआ है और अभी से तेरा यह हाल ! ...क्यों मारा रे इसको ?...यह तेरी दीदी है !

टिंकू : किछको माला !...मैं तो खेल रहा था !

लता : टीवी में एक आदमी कल एक स्त्री को

लात-मुक्कों से मार रहा था...उसी की नकल यह करता है !

माधुरी : अच्छा...अब समझी !...आज से तुम्हारा टीवी देखना बंद !...सुना तुमने !

(बाथरूम में नहाता हुआ पुरुष गुनगुनाता है।)

पुरुष : "ठंडे-ठंडे पानी से नहाना चाहिए। गाना आए या ना आए, गाना चाहिए !"

लता : मम्मी ऽऽ ! सुन लिया मैंने !...क्या पापा ठंडे पानी से नहा रहे हैं ?

टिंकू : मैं नहीं...मम्मी ऽऽ !...मैं आज नहीं नहाऊँगा !

माधुरी : तुम दोनों तो पागल हो गए हो !...तुम्हारे पापा को तो अभी गर्म पानी दिया है !

(दृश्य बदलने का संगीतात्मक संकेत)

(प्रिंसिपल का बँगला। कई लोगों की बातचीत की आवाज़ें)

एक आवाज़ : **(कुछ धीमी आवाज़ में)** किसी ने ठीक ही कहा है—जैसा करो, वैसा भरो !...बेईमानी की कमाई से बनाया है प्रिंसिपल ने यह बँगला !

दूसरी आवाज़ : खुद तो विदेश घूमते रहते हैं...घर में जवान लड़की, जवान लड़का !

तीसरी आवाज़ : दोनों ही बिगड़ गए हैं !...पैसे की कमी नहीं ! दोनों इधर-उधर गुलछर्रे उड़ाते फिरते हैं...कहीं लड़की जाती है, कहीं लड़का !...कौन कहे यह

सब प्रिंसिपल साहब से ! सुना है, लड़का मुंबई में किसी हीरोइन से इश्क लड़ाता है !

चौथी आवाज़ : और दोनों की मम्मी ?...वह भी तो पूरी अँग्रेज बनती है !...दो क्लबों की सदस्यता ले रखी है ! ...खूब पीती है...डांस करती है !

(भीतर रिकॉर्ड बज रहा है। तेजी से उभरते हुए गीत के स्वर...)

चंदा ओ चंदा रे ऽऽ
दूर मत जा ऽऽ !
अंबर की गोदी में
सोई है नील परी
तू उसके माथे का
टीका है, टीका रे ऽऽ !...दूर मत जा !

प्रथम व्यक्ति : **(घंटी बजाता है)**...साहब ! **(गीत रुकता है।)** **(दरवाजा खुलता है। दूर से आवाज–भीतर आ जाओ।)**

चौकीदार : साहब भीतर बुला रहे हैं !

द्वितीय व्यक्ति : हाज़िर साहब !...आओ भाई, साहब बुला रहे हैं ! **(सब भीतर जाते हैं। शब्द-संकेत।)**

प्रिंसिपल : बैठिए !...आप लोग शायद अखबार की खबर पढ़कर आए हैं...लड़कों ने कॉलेज भी बंद करा दिया...मेरे प्रति सहानुभूति जो दिखा रहे हैं !...पर कैसी सहानुभूति !...किसलिए सहानुभूति ? ...कौन समझाए उन्हें ?...ऐसा क्या हो गया है, जो उन्हें मेरे प्रति सहानुभूति की

आवश्यकता पड़ी ! (**प्रथम व्यक्ति से**) क्यों वागीश ! क्या यह सब ठीक हो रहा है ?

वागीश : नहीं सर !...बिलकुल भी ठीक नहीं हो रहा !

प्रिंसिपल : तुम चुप क्यों हो हरीश ?...तुम भी बताओ, क्यों हो रही है यह सब अखबारबाजी ?

हरीश : सर !...बुरा न मानें। अखबार तो घटनाएँ छापते ही हैं।

प्रिंसिपल : लेकिन घटना ही क्या है !...सामान्य बात को ये अखबार वाले घटना बना देते हैं !...अब देखो न, मेरी रीमा अपने 'ब्वॉय फ्रेंड' के साथ गोवा घूमने गई है और इधर ये बावेला मच गया ! ...कितना पिछड़ा है हमारा देश !...सेक्स की चर्चा के नाम पर ही यहाँ तो नाक-भौं सिकुड़ जाती है !...लड़की तो लड़की ठहरी बस, हो गया हंगामा !

तृतीय व्यक्ति : सच कहते हैं सर !...आप तो अनेक देशों में घूम चुके हैं।...आप तो सब कुछ देख चुके हैं !

प्रिंसिपल : लड़की लड़की है, घूम-फिर आएगी, मन बहलेगा ! कॉलेज में उसका दम घुटने लगा था !...आप जाइए अमेरिका-योरप, कितनी स्वतंत्रता है वहाँ लड़के-लड़कियों को !...वागीश !...तुमने पढ़ा था मेरा लेख पिछले सप्ताह सेक्स पर?

चतुर्थ व्यक्ति : हाँ सर !...वागीश ने मुझे भी पढ़ाया था !...वहाँ तो माध्यमिक स्कूलों में भी सेक्स-शिक्षा पर जोर दिया जा रहा है !...आबादी की वृद्धि रोकने का

यही तरीका वहाँ सोचा गया है !

हरीश : लेकिन सर, उसके जो परिणाम हो रहे हैं, वे भी तो कितने खतरनाक हैं !

प्रिंसिपल : (**कुछ तेज स्वर में**) कैसे खतरनाक ?

हरीश : कुमारियों के गर्भपात, नवजात-हत्याएँ, परस्पर छात्रों में मार-काट !...कभी-कभी कक्षा में ही पिस्तौलें चल जाती हैं !...आए दिन अमेरिका और योरप के ऐसे समाचार पढ़ने को मिलते हैं। **(फिर दरवाजे की घंटी बजती है। चारों व्यक्ति ''अच्छा सर, हम चलें'' कह कर जाने लगते हैं।)**

(फिर मंद संगीत के साथ दृश्य-परिवर्तन। कॉलेज में प्रिंसिपल और रमन बातें कर रहे हैं।)

रमन : साहब ! आज आठ दिन हो गए, लेकिन नगर में रीमा की चर्चा ही नहीं थम रही !...मुझे तो बहुत बुरा लगता है !

प्रिंसिपल : क्यों लगता है तुम्हें बुरा रमन ?...यह अशिक्षितों और बेरोजगार लोगों का देश है !...कुछ काम न धंधा, खोपड़ी में अकल नहीं !...फालतू बातों में वक्त गँवाते रहते हैं।

रमन : लेकिन, लोक-चर्चा भीषण परिणामों पर पहुँचा देती है कभी-कभी !...बदनामी फैलाने वालों का मुँह कौन पकड़े ?

प्रिंसिपल : बदनामी के बिना नाम भी नहीं होता रमन !

...और एक बार किसी भी रूप में सारे देश में नाम हो जाए तो फिर राजनीति में ऊँचा उठते देर नहीं होती !

रमन : सर ! तो क्या रीमा को राजनीति में उतारने का विचार है ?

प्रिंसिपल : उसे आने तो दीजिए।...मैं उससे कहूँगा कि वह परिवार-नियोजन पर सभाएँ करे, लंबे-लंबे भाषण दे। फिर देखना, ये अखबार वाले ही उसे आसमान पर चढ़ा देंगे !

वागीश : **(प्रवेश-संकेत)** प्रिंसिपल साहब !...एक माह पूर्व स्वामी नित्यानंद का हिंदी-विभाग में व्याख्यान रखा था। तब तो वे आए नहीं, आज अचानक आ टपके हैं !

प्रिंसिपल : कहाँ हैं ?...यहीं बुला लीजिए।

रमन : वे ही तो आ रहे हैं हरीश जी के साथ !

(स्वामी नित्यानंद 'नमस्कारम्, नमस्कारम्' कहते हुए प्रवेश करते हैं। बैठने को संकेत देते हैं प्रिंसिपल।)

स्वामी नित्यानंद : व्याख्यान जाने दीजिए।...अब मेरे व्याख्यान से भी क्या होगा !...सारा भारत योरप बनता जा रहा है। धन-पिपासा, कामाग्नि, आतंक, हिंसा ...इनकी दिन दूनी रात चौगुनी वृद्धि हो रही है ! ...यथार्थ यथार्थ की पुकार सर्वत्र फैल रही है, आदर्श रफूचक्कर हो रहे हैं, फिर क्यों नहीं बढ़ेगा कामाचार !

प्रिंसिपल : स्वामी जी, आप कामाचार की बात करते हैं। मैं समझा नहीं, किस संदर्भ में आप यह सब कह रहे हैं !

रमन : अगर रीमा का संदर्भ आप भी उठा रहे हैं, तो मुझे इस समय यह कथन अप्रिय लगता है स्वामी जी !

स्वामी : ठीक है, मेरी बातें तुम्हें अप्रिय लग सकती हैं। लेकिन, अखबारों में आए दिन छपने वाले बलात्कार और उसके बाद हिंसा के समाचार पढ़ना तो आप नहीं भूलते। आप लोग देश-काल को भूलकर जिस मनोविज्ञान की बात करते हैं, सेक्स-शिक्षा की इस गरीब देश में चंद अमीरों के लड़कों के लिए हिमायत करते नहीं थकते, उसके परिणामों की ओर भी आपने कभी ध्यान दिया है ?

प्रिंसिपल : स्वामी जी ! अज्ञान और अतृप्ति ही व्यक्तियों को कुपरिणामों की ओर ले जाती है।...तृप्ति चाहिए, तृप्ति !

स्वामी : अतृप्ति ! किस विषय की अतृप्ति ? तृप्ति की कोई सीमा नहीं होती प्रिंसिपल साहब ! तुलसीदास ने कहा है—

"बुझहि न काम-अगिनि 'तुलसी'
कहुँ विषय-भोग बहु घी तैं।"

रमन : अब आप बातें कीजिए साहब !...मैं तो चलता हूँ।

(दृश्य-परिवर्तन की संकेत-ध्वनियाँ।)

[माधुरी और बीना रमन के ड्राइंग कक्ष में बातें कर रही हैं।]

माधुरी : छोटा-सा तो यह शहर है बहिन !...एक छोर से दूसरे छोर तक रीमा की बदनामी का धुआँ छा रहा है !

बीना : आज एक और नई बात हो गई माधुरी !...मैं तो दूर के रिश्ते की वज़ह से संवेदना प्रकट करने गई थी प्रिंसिपल साहब के घर, लेकिन...

माधुरी : लेकिन क्या बीना ?

बीना : प्रिंसिपल तो थे नहीं घर, उनकी मेम साहिबा अपने एक दोस्त के साथ मदिरा-पान में व्यस्त थीं ! अस्त-व्यस्त वस्त्र...बिखरे-बिखरे बाल !

माधुरी : और कोई नहीं था...चपरासी भी नहीं?

बीना : नहीं था बहिन !...मुझे देखते ही बोलीं—'बीना ! बहुत दिनों बाद आई हो। आओ, एक पेग तुम भी ले लो।' मेरे तो काटो तो खून नहीं !

(अखबार का हॉकर आवाज़ देता है।)

हॉकर : 'मुंबई में बलात्कार के बाद एक लड़की की हत्या। ...घर से भागी लड़की की सरेआम हत्या !'

('अरे ! यह क्या !' चिल्लाती हुई दोनों के बाहर जाने का संकेत। वे अखबार लेना चाहती हैं, तभी हॉकर का पीछा करती हाँफती एक लड़की झपटकर सब अखबार छीन कर इधर-उधर बिखरा देती है, जिसका ध्वनियों से संकेत।)

[दृश्य बदलता है। सार्वजनिक सभा में स्वामी नित्यानंद का भाषण हो रहा है।]

स्वामी : भाइयो और बहनो ! गुलामी के अनेक रूप होते हैं। अँगरेज इंगलैंड में बैठकर अपने प्रतिनिधि के माध्यम से इस देश पर राज करता रहा। वह यहाँ से अपार धन-दौलत ले गया और अपना देश स्वर्ग-जैसा बना लिया। राजनैतिक गुलामी की जगह वह हमें धार्मिक और जातीय झगड़े देकर सांस्कृतिक गुलामी में झोंक गया। पारस्परिक विद्वेष, गरीबी, बेरोजगारी, अशिक्षा, हिंसा, आतंक आदि उसी सांस्कृतिक गुलामी का परिणाम हैं ! हमारी आवश्यकताएँ आसमान छू रही हैं। एक ओर लूटमार, हत्या, बलात्कार, व्यभिचार, भ्रष्टाचार का बोलबाला है और दूसरी ओर सीमाओं पर युद्धों के बादल मँडरा रहे हैं ! हमारे भाव, भाषा, विचार सब परतंत्र हो चुके हैं ! यह समय एक बड़ी गुलामी की घंटी बजा रहा है।

भीड़ में से एक व्यक्ति : आप सत्य कहते हैं स्वामी जी !...हमारा समाज खंड-खंड हो रहा है। विदेशी शक्तियाँ हमें आपस में लड़ाने की छद्म राजनीति का खेल खेल रही हैं !

(भीड़ में से एक औरत की आवाज–''मुझे भी बोलने का मौका दीजिए।''

स्वामी : आइए...कहिए...आप अपनी बात कहिए !

औरत : भाइयो और बहनो ! हमें अपना सोच बदलना होगा। हम अपनी पुरानी समाज-व्यवस्था की गंदगी तो देखते हैं, लेकिन नारी की प्रगति के नाम पर जो गंदगी—जो सड़ाँध चारों ओर फैलाई जा रही है, उसका स्वागत करते हैं ! हमारी छोटी-बड़ी कहानियाँ, चाहे वे दृश्य हों या श्रव्य, नारी-प्रताड़नाओं से भरी होती हैं।...औरत को फिल्मों और सीरियलों में पिटते, घसीटते, नंगा करते, खून में नहलाते देखते हैं आप सब, लेकिन किसी के माथे पर बल नहीं पड़ते ! यह औरत नहीं, देश की आज़ादी है यह, जिसे हम रात-दिन नंगा कर रहे हैं !...यह है हमारे मनोरंजन का रूप !

स्वामी : भाइयो ! ये बीना बहिन हैं। आपने सुनी इनकी बात ? द्रोपदी का चीर तो भगवान् कृष्ण ने बढ़ा दिया था, इस भारत-लक्ष्मी का चीर कौन बढ़ाए, जब हम स्वयं ही चीर-हरण करने लगे हैं !

बीना : रीमा से मेरी दूर की रिश्तेदारी है, इसलिए मुझे उस पर दया आ रही हो ऐसी बात नहीं। मुझे इस देश की हर नारी का भविष्य अंधकार से भरा दीखता है। मुझे नारी उत्थान के सभी आंदोलन झूठे नज़र आते हैं। हर नारी आज योरोपीय सभ्यता के अभिशापों के दुर्दम जाल में स्वेच्छा से फँसती जा रही है !...ये विश्व सुंदरियाँ —ये अश्लील विज्ञापन ... !

स्वामी : भाइयो ! बीना-जैसी जाग्रत नारियों की आज आवश्यकता है ! आप लोगों में से कोई अन्य भी अपने विचार रखना चाहे तो मंच पर आए। **('मैं भी कुछ कहना चाहती हूँ' चिल्लाती हुई माधुरी मंच पर आती है।)**

माधुरी : मेरे हृदय में एक गीत मचल रहा है। सुनो भाइयो, सुनो बहनो ! **(गीत गाती है।)**

बेटी, बहिन, जननि के पावन
रिश्तों वाली जो नारी
आज उसी की इज़्ज़त लुटती,
सरेआम बाजारों में !
विज्ञापन की वस्तु बनी वह
अंग अंग नीलाम हुआ !
सरस्वती की वीणा छूटी
मधुर शब्द बदनाम हुआ।
कहाँ गई दुर्गा रणचंडी
लक्ष्मी भ्रष्टाचार बनी।
क़ैद हो गई इज़्जत उसकी
इन ऊँचे आगारों में !
आज उसी की इज़्जत लुटती
सरेआम बाजारों में !

(जाने का संकेत)

हरीश : **(मंच पर आकर)** मैं माधुरी भाभी को साधुवाद देता हूँ। स्वामी जी !...भाइयो !...बहनो ! हमें अपने शिक्षालयों का रूप बदलना होगा ! माधुरी

और बीना शिक्षा की वर्तमान परिभाषा में भले ही पीछे हों, किंतु उनमें जो नारी अभी भी जीवित है, उसकी प्रतिष्ठा पूरे नारी-समाज में करनी होगी !

(भीड़ में से रमन की आवाज़ आती है।)

रमन : स्वामी जी ! आप इस विषय में हमारा मार्ग-दर्शन कीजिए। हम सब आपके साथ हैं !

अनेक स्वर : हम सब आपके साथ हैं।

स्वामी : तो समझिए इस बात को कि रीमा की हत्या मुंबई में नहीं, यहीं हुई है, इसी नगर की अफवाहों में। यहाँ बिकने वाले अखबारों ने ही किया है उसके साथ बलात्कार ! ये अखबार जो अँग्रेजी भाषा की रोटियाँ सेकते हैं, अश्लील चित्र और अश्लील खबरें छाप कर जाने कितने लड़कों को बलात्कारी बनाते हैं, जाने कितनी लड़कियों की हत्या और आत्म-हत्या का कारण बनते हैं ! हमारी आज़ादी का मसीहा महात्मा गाँधी इनकी तिजोरियों में क़ैद है !

भीड़ : **(समवेत स्वर)** हम अपने मसीहा को इन तिजोरियों से बाहर लाएँगे !...पापाचार के द्वार खोलने वाली शिक्षा से अपनी भावी पीढ़ी को बचाकर समाज को नया प्रकाश देंगे। हम नारियों की इज़्जत चौराहों पर नहीं लुटने देंगे।

(सभा-स्थल की ओर भागकर आती एक लड़की चीखती है)

लड़की : मैं रीमा हूँ रीमा !...मैं मरी नहीं...मेरी हत्या नहीं हुई...मेरे साथ कोई बलात्कार नहीं हुआ ! मैं जिंदा हूँ।

स्वामी नित्यानंद : **(चौंकते हैं)** रीमा ! क्या तुम सचमुच रीमा हो ? ...प्रिंसिपल की पुत्री रीमा ! तुम अभी भी जीवित हो ?

लड़की : हाँ स्वामी जी ! मैं रीमा हूँ रीमा !...मैं सचमुच जीवित हूँ...पागल नहीं हुई...होश में कह रही हूँ ...कुशिक्षा के संस्कारों में मेरे भीतर जन्मी-पली रीमा को मैंने स्वयं मार दिया है। मैं पतझड़ में झरते पत्तों की तरह उड़ती मुंबई गई थी और वसंत की नई कोंपल बनकर लौटी हूँ। मैं तब तक नहीं मर सकती, जब तक यह देश आज़ाद है, जब तक इस देश की मर्यादाएँ जिंदा हैं। ये अखबार, ये फिल्में, ये अफवाहें, ये सस्ते सामाजिक सरोकार मुझे मार नहीं सकते।

(गाती है)

मैं नारी हूँ, मैं हूँ सबला
मैं धरती हूँ सुजला सफला
मैं यज्ञ-कुण्ड की चिनगारी !
मैं नहीं काल से भी हारी !
मैं नहीं काल से भी हारी !... मैं नहीं ऽऽ

(धीरे-धीरे स्वर मंद पड़ता है।)

इति

हिम-पुरुष

(संदर्भ : 1962 ई. का युद्ध)

(यवनिका उठते ही मंद नीले प्रकाश में हिम-मंडित पर्वत-शिखर का नीरव एकांत दिखाई देता है। रात्रि के अंधकार को चीर कर प्राची में अरुण आभा फूटती है। धीरे-धीरे सूर्य का आगमन होता है। पर्वत-शिखर का सर्वोच्च भाग प्रकाश से जगमगा उठता है। उस पर खेलता हुआ एक लघु मेघ-खंड भी प्रकाश पाकर चमकने लगता है। धीरे-धीरे मेघ के पीछे से प्रकाश की उस चकाचौंध में गीत का स्वर फूटता है।)

आओ ज्योति-शिखर के यात्री !
तुम्हें हमारा नमस्कार है।
तुम देते हो विभा विश्व को,
नाम रूप अस्तित्व अपार।
अपने ज्योति-यान से जग को,

पहुँचाते हो तम के पार।
भाँति-भाँति के रंगों से तब,
होता जीवन का प्रसार है।
आओ ज्योति-शिखर के यात्री !
तुम्हें हमारा नमस्कार है।
तुम्हें हमारा नमस्कार है !
तुम्हें हमारा नमस्कार है !
नमस्कार है !!

(धीरे-धीरे गीत का स्वर मंद पड़ता है और एक पुरुष-छाया दिखाई देती है।)

छाया : (स्वर में अधीरता) कहाँ गया मेरा पुरुष !...मेरा पुरुष कहाँ गया...उसने मुझे रात्रि के अंधकार में शरण दी थी...मेरे अस्तित्व को सुरक्षित रखा था।...वह हिम-पुरुष मेरे अस्तित्व को रूप मिलते ही कहाँ चला गया !

(सहसा वह छाया इधर-उधर हिलती है और दूर जाती प्रतीत होती है। उसका स्वर मंद पड़ता है।)

मैं उसे खोजकर रहूँगी...उसे पाकर अपना अस्तित्व समाप्त कर दूँगी...हे मेरे अस्तित्व-रक्षक ! ...प्यारे हिम-पुरुष !

(स्वर मंद होता हुआ छाया के साथ ही समाप्त हो जाता है। अब छाया के बदले शिखर पर एक श्वेत पुरुष दृष्टिगोचर होता है। वह किसी विचार में डूबा हुआ इधर-उधर घूम रहा है।)

पुरुष : गई....छाया गई !...वह मुझे प्यार करती है, किंतु

उसके आँखें नहीं...मुझे अनुभव करने वाला विवेक उसके पास नहीं !...मैं प्राची से आते हुए ज्योति-देवता का स्वागत करता हूँ, ताकि सृष्टि का मंगल हो; किंतु वह यह नहीं चाहती...वह नहीं चाहती कि मैं ज्योति का अभिनंदन करूँ। ...वह सदैव मेरे अस्तित्व को अपने अस्तित्व में मिलाकर रखना चाहती है...परंतु इसका परिणाम होता है रात्रि !...छाया के साथ मेरे भी अस्तित्व का अंत !...(**कुछ सोचकर**) तब...तब मैं क्या करूँ...छाया !...जा, तू सदा के लिए चली जा ...मैं अपने गीत से जो सबेरा लाया हूँ, उससे इस सुनहली सृष्टि को सदा रस-सिक्त होने दे !

(सहसा इधर-उधर कई ध्वनियाँ गूँजती हैं)

प्रथम ध्वनि : ज्योति का स्वागत करने वाले हिम-पुरुष !... छाया का अनादर करके तुम निर्विकार मत बनो, अन्यथा वह तुम्हारे लिए भयंकर संकट उत्पन्न करेगी। (**हिम-पुरुष चौंकता है और बाईं ओर देखता है**)

द्वितीय ध्वनि : वह तुम्हारी अर्चना की पवित्रता को रक्त से कलुषित कर देगी।

(बाईं ओर किसी को न देख हिम-पुरुष चौंक कर पीछे देखता है।)

तृतीय ध्वनि : तुम सृष्टि भर के मंगल की कामना में छाया के साथ प्राप्त होनेवाले सुख-भोग का परित्याग करोगे, तो सुरक्षा और शांति के लिए तरसोगे।

(पीछे कोई दिखाई नहीं देता, तब हिम-पुरुष दाईं ओर देखता है।)

हिम-पुरुष : (विस्मित-सा) कहाँ से आ रही है यह ध्वनि ! ...कौन हो तुम ?...अभी तक इस शिखर पर मेरे अतिरिक्त कोई भी नहीं था...अब ये आवाजें किसकी आ रही हैं ?

एक ध्वनि : हम तुम्हारे विगत अनुभवों के स्वर हैं...अब तक तुमने हमें पाला था, किंतु अब छाया के साथ हम भी दूर जा रहे हैं।

दूसरी ध्वनि : तुमने ज्योति का स्वागत कर के हमारे पुराने सभी परामर्शों को ठुकरा दिया है।...अब हम तुम्हें छोड़कर दूर जा रहे हैं।

तीसरी ध्वनि : तुमने अपना पुराना मित्र अंधकार मार डाला है ...तुम विश्वासघाती हो ! तुम ज्योति की चमक-दमक पर रीझ गए हो...अब हम तुम्हारे साथ नहीं रह सकते, किंतु अब तक के संपर्क का उत्तरदायित्व पूरा करने के लिए तुम्हें जाते-जाते हम समझा रहे हैं।

(हिम-पुरुष साहसपूर्वक शिखर पर घूमने लगता है।)

हिम-पुरुष : जाओ...छाया के पीछे-पीछे तुम सब जाओ और ऐसे लोक में जाओ, जहाँ से फिर कभी भी यहाँ न आ सको ! तुम अब तक हिंसा, भय, शोषण, द्वेष, घृणा, छल और अन्य अनेक प्रपंचों के बंधन में मुझे डालते रहे, जिसके कारण मैं उस

ज्योति-पुरुष को भूला रहा, जो इस मार्ग से मेरे ही लिए नित्य आता था; पर अब मैंने छाया को निर्वासित कर दिया है, अब मुझ पर तुम्हारा कोई प्रभाव नहीं चलेगा।...जाओ ! आज से मैं मुक्त हूँ, अपने जीवन का स्वयं अधिष्ठाता हूँ। मैं अपनी सृष्टि में निर्झर बनकर फूटूँगा, सरिता बनकर बहूँगा, हरियाली बिछाऊँगा और नए जीवन का संगीत गुंजित करूँगा।...जाओ!

(सहसा मंच पर हरा प्रकाश। निर्झर एवं सरिताओं के प्रवाह तथा दूर-दूर फैलती हुई हरियाली। लहराते खेतों और पेड़-पौधों के दृश्य। खेतों में झूमते और काम करते स्त्री-पुरुषों के दृश्य। नेपथ्य से गायन)

झूमो झूमो मगन, चलो चूमो गगन।
हरी बालों में नचने की आई लगन।
चलो चूमो गगन, झूमो झूमो मगन।

(गीत पूरा होते-होते मंच का प्रकाश बदल कर लाल हो जाता है और स्वर रुकते ही सुनहरा प्रकाश हो जाता है तथा हिम-पुरुष प्रवेश करता है। उसके सामने कुछ पुरुष दिखाई देते हैं।)

हिम-पुरुष : धरती के पुत्रो ! तुमने मेरे स्वर को सुना...'मेरे साथ ज्योति का स्वागत किया...छाया चली गई ...और फिर तुमने अपने परिश्रम से इन खेतों को अपार धान्य से लाद दिया...'

एक पुरुष : उस धान्य को हमने अपनी सृष्टि में वितरित

किया...सब प्राणी सुखी हुए...विकास के नए मार्ग खुलते गए।

द्वितीय पुरुष : हमने उन लोगों को जगाया, जो छाया से ममता रखते थे और विवेक खोकर धरती के भीतर की धातुओं से ही अपना महत्त्व बनाए रखना चाहते थे।

तृतीय पुरुष : हमने बेकारों को जीविका देने के लिए योजनाएँ चलाईं, अज्ञान को मिटाने के लिए शिक्षा की व्यवस्था की...हमारा विकास सर्वतोमुखी हो उठा।

हिम-पुरुष : किंतु तुमने हमारे आराध्य ज्योति-पुरुष की अवहेलना कर दी...तुम उसकी अर्चना का गीत भूलकर अपने विलास का गीत गाने लगे...

प्रथम पुरुष : तुमने हमें अर्चना का प्रथम गीत इसीलिए सिखाया था कि हम उसे गाकर समृद्ध बनें...

द्वितीय पुरुष : हमारा जीवन सुखमय हो...

तृतीय पुरुष : हम आत्म-तोष में डूब जाएँ।

हिम-पुरुष : यह तो ठीक है, पर ऐसा करके तुम अहंकारी हो गए। तुमने ज्योति-पुरुष से स्वयं को महान् मान लिया...जिसने तुम्हें वैभव दिया था, उसी की तुम उपेक्षा करने लगे।...किरणें आईं और अब निराश होकर...

प्रथम पुरुष : वापिस जा रही हैं ?

द्वितीय पुरुष : हम उनको जाने नहीं देंगे।

तृतीय पुरुष : हम उनको अपने स्नेह का अर्घ्य देंगे।

हिम-पुरुष : यह सब कल्पना है !...मानस-विलास है ! आने

वाली ज्योति का स्वागत स्नेह से होता है, किंतु जाती हुई ज्योति साधना से लौटाई जाती है।

द्वितीय पुरुष : तो हमें साधना करनी होगी ?

हिम-पुरुष : हाँ !

प्रथम पुरुष : किसकी साधना करनी होगी ?

हिम-पुरुष : शक्ति की !...भीतरी और बाहरी दोनों प्रकार का बल बढ़ाना होगा।

तृतीय पुरुष : हम शक्ति में विश्वास नहीं करते।...शक्ति हिंसा को जन्म देती है।

द्वितीय पुरुष : हमारा साथी ठीक कहता है।...हम हिंसा के मार्ग पर नहीं चल सकते।

प्रथम पुरुष : हम अपनी जाति को सर्जनात्मक कार्यों में लगाने में विश्वास करते हैं।

हिम-पुरुष : (**गंभीर स्वर**) सावधान !...तुम मेरी प्रजा हो ! ...मैंने तुम्हें प्रकाश देकर समृद्धि के मार्ग पर चलाया है...

प्रथम पुरुष : किंतु अब आप हम पर उसका आभार क्यों डालते हैं ?

हिम-पुरुष : क्योंकि अब मध्याह्न पर विजय पाकर संध्या मेरी ओर बढ़ना चाहती है।

द्वितीय पुरुष : वह तुम्हारा क्या करेगी ?

हिम-पुरुष : ज्यों-ज्यों ज्योति-पुरुष का प्रकाश मंद पड़ता जा रहा है, त्यों-त्यों मुझे छाया का भय दबाता आ रहा है।

(अचानक नीला रंग और बादलों की गड़गड़ाहट।

खेतों की हरियाली के स्थान पर पर्वत शिखर उभरते हैं और फिर सुनहरी प्रकाश होते ही हिम-पुरुष इधर-उधर दृष्टि घुमाता दिखाई देता है। नेपथ्य से फिर कई ध्वनियाँ सुनाई पड़ती हैं।)

प्रथम ध्वनि : हिम-पुरुष ! अब सावधान हो जाओ ! छाया तो तुम पर दया करती है...किंतु हम तुम्हें शांति से न बैठने देंगे।

द्वितीय ध्वनि : हम तुम्हारी सुख-सृष्टि पर आग बरसाएँगे।

तृतीय ध्वनि : तुम यदि अपना जीवन चाहते हो तो शीघ्र हमारे मार्ग से हट जाओ। हमारे पीछे आग्नेय अस्त्र लेकर तुम्हारे अजेय शिखरों को रौंदने एक नई सेना आ रही है।

(हिम-पुरुष व्यग्र होकर घूमने लगता है।)

प्रथम ध्वनि : वह सेना इन हरी-भरी घाटियों को तुम्हारी प्रजा के शवों से भर कर समतल कर देगी।

द्वितीय ध्वनि : वह तुम्हारे निर्झरों के स्रोत बंद कर देगी...तुम्हारी सरिताओं को रक्त की धाराएँ बना देगी।

हिम-पुरुष : **(चीखकर)** ज्योति-पुरुष ! ओ ज्योति पुरुष !... यह क्या ! यह क्या हो रहा है ? मैं तुम्हारे मार्ग पर चलता रहा, फिर भी अचानक ऐसा भयंकर संकट!

(नेपथ्य में कोलाहल उठता है और मंच पर अचानक तीव्र अरुण प्रकाश फैल जाता है।)

हिम-पुरुष : **(फिर घबराया हुआ)** गए !...लगता है, तुम भी गए ! ज्योति-पुरुष ! ओ ज्योति पुरुष ! **(कोलाहल**

फिर बढ़ता है।)

प्रथम ध्वनि : अब ज्योति-पुरुष की नहीं, प्रेयसी छाया की अर्चना करो। ज्योति-पुरुष को तो संध्या खींचकर ले जा रही है।

(अरुण प्रकाश मंद होता है।)

हिम-पुरुष : संध्या !...छाया की बहिन संध्या !...मैं तुम्हारी अर्चना करता हूँ !...तुम मेरी सृष्टि के हरे-भरे खेतों में विरम जाओ, झूमती बालों का स्वागत स्वीकार करो...ज्योति-पुरुष को अंतिम आश्रय देने वाली मेरी आराध्या संध्ये !...तुम रुकी रहोगी तो यह कोलाहल का अंधकार मुझ से दूर रहेगा।

(सहसा मंच पर नीला प्रकाश होता है और नेपथ्य में भयंकर कोलाहल तथा युद्ध के संकेत। हिम-पुरुष चौंककर इधर-उधर देखता है।)

हिम-पुरुष : आक्रमण, भयंकर आक्रमण ! मेरे पर्वत-शिखरों की शांति समाप्त हो गई !...प्रकाश अंधकार बन गया ! गईं, छाया और संध्या दोनों ही गईं ! ...अब यह कोलाहल ! आग्नेय अस्त्रों का विषैला धुआँ !

(मंच के नीले प्रकाश में श्वेत प्रकाश के साथ हिम-पुरुष दृष्टिगोचर होता है और उसके दाएँ-बाएँ सैनिक वेश में दो व्यक्ति खड़े हैं।)

प्रथम व्यक्ति : हट जाओ हिम-पुरुष !...भाग जाओ यहाँ से ! यह हमारे राष्ट्र की सीमा है। ये गगन चुंबी शिखर...नीचे घाटियों में दूर तक फैले घने जंगल,

ये सब हमारे राष्ट्र के अंग हैं।

द्वितीय व्यक्ति : हम इन पर्वतों के समान ही कठोर बनकर संसार में समता स्थापित करेंगे, इन निर्झरों और सरिताओं के समान धरती की प्यास को नर-रक्त से बुझाएँगे ! इन जंगलों का सुनसान मौन और अंधकार उन प्रजाओं के जीवन में भर देंगे, जो हमारे मार्ग का अवरोध बनेंगी।

हिम-पुरुष : (**गंभीरता से**) कौन हो तुम ?...शताब्दियों से मैं इस हिमराज्य का स्वामी हूँ। तुम इसे अपने राष्ट्र की सीमा बताकर संसार में अनाचार क्यों फैलाना चाहते हो ?

प्रथम व्यक्ति : हम तुम्हारे पुत्र अहिंसक के सगे भाई हिंसक हैं ! ...तुमने सदा हमारी उपेक्षा की है, अब हम उसका प्रतिशोध लेंगे।

द्वितीय व्यक्ति : तुमने प्रकाश का स्वागत करके हमें अपने हिम-राज्य का समस्त रहस्य जान लेने का अवसर दिया...तुम्हारे पुत्रों ने हमें अपना भाई माना.... अब हम भाई होने का अपना आधा अधिकार तुमसे बलपूर्वक छीन कर रहेंगे।

हिम-पुरुष : (**क्रोध से उच्च स्वर में**)...धोखा ! छल !... प्रवञ्चना !...शांति और विवेक के साथ अपने विकास में लगी प्रजा के अधिकारों पर आक्रमण का ऐसा क्रूर साहस !...वापिस चले जाओ यहाँ से !...इस हिम-राज्य में अभी तक सैनिकों के अपावन चरण नहीं पड़े थे...जल्दी भाग जाओ,

नहीं तो ये श्वेत-शिखर काले पड़ जाएँगे।

(नेपथ्य से आग्नेय अस्त्रों की गड़गड़ाहट और कोलाहल। हिम-पुरुष बेचैनी से इधर-उधर घूमता है तथा दोनों सावधान हो जाते हैं।)

प्रथम व्यक्ति : ...भाग जाओ हिम-पुरुष !...तुम अब इन शिखरों के रंग की ममता छोड़ दो...

द्वितीय व्यक्ति : हम इनके श्वेत रंग को लाल बना देंगे।

हिम-पुरुष : **(गंभीरता से)** रक्त से लाल बनाने तुम यहाँ आए हो...हूँ !...तुम इन शिखरों पर लाल रक्त फैलाने आए हो ! मनुष्य का लाल रक्त !...जो कभी नहीं हुआ था वह अब होगा !

प्रथम व्यक्ति : शब्दों का गलत अर्थ मत लगाओ हिम-पुरुष ! लाल रंग प्रेम का भी तो होता है।...हम तुम्हारी प्रजा को प्रेम के...समता के रंग में रँगने आगे बढ़ेंगे।

द्वितीय व्यक्ति : रक्त की एकता करके हम उन्हें प्रेम का लाल रक्त देंगे।

हिम-पुरुष : **(क्रोध से)** नहीं होगा। ऐसा नहीं हो सकता... मैं अपने हिम-राज्य को रक्त-रञ्जित नहीं होने दूँगा।...तुमने प्रभात के प्रकाश में मेरे जिस रूप को देखा है, वही रूप तुम्हारे लिए प्रलय का ज्वालामुखी बनेगा।...सावधान ! यदि तुमने मेरा हिम का आवरण अपने अपावन स्पर्श से गला दिया, तो भीतर छिपा हुआ मेरा ज्वालामुखी जाग पड़ेगा।...हिंसको ! भूलो मत, मैं हिम-पुरुष ही

नहीं, अग्नि-पुरुष भी हूँ!

(बदलते हुए मंद रंगों के साथ दोनों व्यक्ति अदृश्य हो जाते हैं तथा युद्ध का कोलाहल सुनाई पड़ता है, उसके बाद नेपथ्य से कई स्वर)

प्रथम स्वर : बाँध लो...इस हिम-पुरुष की हत्या कर दो !

द्वितीय स्वर : इसे आग्नेय अस्त्रों के मुख पर रखकर आकाश में उड़ा दो !

तृतीय स्वर : घाटी-घाटी और शिखर-शिखर पर छा जाओ ! ...समस्त पर्वत राज्य को आग्नेय अस्त्रों के धुएँ-गड़गड़ाहट से भर दो !

(हिम-पुरुष क्रोध में भरा हुआ जल्दी-जल्दी इधर-उधर चलता है। उसके पद-चिह्नों से अग्नि की चिनगारियाँ फूटती जाती हैं।)

हिम-पुरुष : मेरी अहिंसक संतान के भाई बन कर आने वाले हिंसको ! तुम मेरी शांतिप्रिय प्रजा के भयंकर शत्रु हो।...तुमने समझा होगा, हिम-पुरुष की प्रजा शताब्दियों से अहिंसा की उपासना करती-करती कायर हो गई है...प्रेम और शांति के हिम ने उसकी धमनियों के रक्त को जमा दिया है...उसके हृदय की अग्नि को बुझा दिया है? किंतु अब देखो तुम उसकी शक्ति !...उसकी ज्वाला का प्रताप !

(नेपथ्य में कोलाहल और मंच पर हिम-पुरुष के पैरों की चिनगारियों से भयंकर ज्वालाओं का विस्फोट। सहसा हिम-पुरुष के अदृश्य होते ही

मंच पर गहरा लाल प्रकाश फैल जाता है, जिसमें चमकते पर्वत शिखरों पर दो श्वेत वस्त्र-धारी सैनिक इधर से उधर घूमते दिखाई देते हैं।)

प्रथम सैनिक : हम शांति के रक्षक हैं।

द्वितीय सैनिक : श्वेत हिम से ढके ये पर्वत शिखर हिम-पुरुष का सनातन घर हैं...

प्रथम सैनिक : हम उसकी ज्वाला से इन शिखरों की रक्षा करते हैं।

द्वितीय सैनिक : इन शिखरों की रक्षा समस्त सृष्टि की शांति-रक्षा है।

प्रथम सैनिक : हम इस शांति को अपने शौर्य से अमर बनाएँगे।

(गाता है, द्वितीय सैनिक स्वर में साथ देता है।)

अमर शांति के सैनिक हैं हम
मानवता के त्राता !
पंचशील है मार्ग हमारा
सदा सुमंगल दाता।
अंधकार से नहीं हारते,
जीवन दीप जलाते !
इतिहासों के पृष्ठों पर हम
विजय-केतु लहराते !
हम विजय-केतु लहराते ! हम...

(गीत-ध्वनि धीरे-धीरे मंद पड़ती है।)

यवनिका

(दूरदर्शन-मंच का रूपक)

□□□

